Exotische Küche

Westafrikanische Küche

Kochrezepte aus Ghana, Benin, Togo, Liberia, Mali, Burkina Faso, Niger, Guinea, Gambia, Elfenbeinküste, Sierra Leone und Senegal.

Mohamad Nader Asfahani

Der Autor und der Verlag bedanken sich bei allen, die sie mit Rezepten versorgt haben, damit dieses Buch auf dem deutschsprachigen Markt erscheinen konnte.

1. Auflage 1994, ….. 9. Auflage 2023

Bearbeitung: Christina Khenkhar
Titelbild: Gundula Wagner
Übersetzung, Gestaltung, Herstellung und Satz:

Asfahani Verlag
E-Mail: info@asfahani.de
www.asfahani.de

ISBN 978-3-927459-99-1

Exotische Küche
Kochbücher aus dem Süden

Sachregister

Kurze Informationen

Vorspeisen

Salate

Suppen

Beilagen

Gemüse,- Fleisch- und Geflügelgerichte

Fischgerichte

Soßen

Teigspeisen

Gebäck und Nachspeisen

Kurze Informationen

Chili

Wie man mit scharfen Chilis umgeht

Bevor Sie die Chilis anfassen, ziehen Sie bitte Gummihandschuhe an. Damit wird verhindert, dass die ätherischen Öle Ihnen Haut-jucken verursachen. Außerdem berühren Sie nicht Ihre Augen während des Arbeitens mit Chili.

Chili nur mit kaltem Wasser waschen. Heißes Wasser kann manchmal bei getrockneten Chilis Dämpfe entwickeln, die die Augen und Schleimhäute reizen.

****

Butterfett

Das Butterfett, das in Asien und Afrika beim Kochen verwendet wird, ist auch in Deutschland erhältlich. Es wird unter dem Namen **„Ghee**" oder **„Ghiu"** in indischen Geschäften geführt. In arabischen Lebensmittelläden gibt es eine Butterfettsorte, die der indischen ähnelt. Sie wird unter dem Namen „**Samn Hamwi**" geführt. Man kann auch das normale Butterfett (Butterschmalz) beim Kochen benutzen oder selber Butter klären.

Butter klären

Zutaten:

100 g ungesalzene Butter

So wird es gemacht:

☺ Butter in Würfel schneiden ➟ in einem Topf bei schwacher Hitze schmelzen lassen ➟ vom Herd nehmen ➟ den Schaum abschöpfen ➟ die klare Butter in eine Schüssel löffeln.

Der Bodensatz wird nicht mit der geklärten Butter gemischt.

****

Curry-Kari

Das Wort „ Curry " stammt von dem persischen Wort „**Khordi**" ab, was soviel wie "Soße" oder „saftiges Fleisch". Dieses Wort „**Khordi**" stammt wiederum von „**Khordan**" ab. Auf deutsch Übersetzt bedeutet das Wort „**Essen**" oder „**Trinken**".
Die Hauptgewürze jedes Currygerichts sind:
Kurkuma, getrockneter Koriander, Pfeffer, Nelkenpulver, Chilipulver, Ingwerwurzel und Knoblauch. In vielen Fällen werden Knoblauch und Ingwerwurzel mit etwas Salz in einem Mörser zu einer Paste verarbeitet.

****

Kleine Gemüse- und Gewürzkunde

Gemüse

Amarant

wird wie Spinat vorbereitet. Leider sieht man diese Gemüsesorte selten auf den Märkten.

Auberginen

Außer den üblichen Angeboten an dunklen Sorten (ca. 20 Sorten) gibt es weiße, gelbe und grüne runde Auberginen. Diese Sorten werden zu bestimmten Jahreszeiten importiert Grüne Auberginen werden afrikanische Auberginen genannt, sie werden auch unter dem Namen Antroewa in manchen Feinkostgeschäften angeboten.

Batate

Süßkartoffeln oder weiße Kartoffel Batate werden das ganze Jahr über auf dem deutschen Markt angeboten, trotzdem ist die Süßkartoffel hierzulande wenig bekannt.

Bohnen (getrocknete Sorten)

Spargelbohnen oder Augenbohnen auch bekannt als Schwarze-Augen-Bohnen

Adzukibohnen dunkelbraun mit weißen Streifen

Bohnen (frische Sorten). Außer dem üblichen Angebot an Bohnen auf dem deutschen Markt, gibt es gelegentlich folgen-

de Sorten:
Bobbybohnen (Ägypten), **Borlottibohnen** (Italien), **Cocobohnen,** bekannt als *Breite Bohnen*, **Kidneybohnen** oder *Rote Bohnen,* **Schwarze Bohnen** (Südamerika), **Limabohnen**, **Spaghetti-Bohnen**, **Wachtelbohnen**, **Adzukibohnen**, **Reisbohnen**, **Urdbohnen** und **Mungbohnen**.

Chayote

(Eierkürbis) Chayotefleisch wird als Salat oder als Kochgemüse gegessen.uch *Chocho* oder *Christofine* genannt. Eine Chayotefrucht wiegt ca. 250 bis 300 g.

Flaschenkürbis

Das ganze Jahr über auf dem deutschen Markt erhältlich. Flaschenkürbis sehen aus wie große Zucchini und haben eine hellgrüne Farbe. Sie werden als Kochgemüse verwendet. Kleine Flaschenkürbisse werden auch türkische Zucchini genannt.

Maniok oder **Cassava**

Kochgemüse. Das ganze Jahr über auf dem Markt erhältlich.

Okra Kochgemüse

Yam Knollen, die man wie Kartoffeln kochen und essen kann.

Palmölnüsse

bekommt man ab und zu bei einigen afrikanischen Lebensmittelhändlern (Afro-Shop).

Tapioka Sago aus der Maniokwurzel

****

Gewürze und Gewürzpflanzen

In unserem Kochbuch haben wir Gewürze und Gewürzpflanzen verwendet, die in Deutschland erhältlich sind, das sind:

Chilis

Egusi - Melonenkerne

Gelbwurzel (nicht in Pulverform), wird ab und zu auf dem Markt angeboten

Gelbwurzelpulver oder **Kurkuma**

Ingwerwurzel
Ingwerpulver
Koriander, frisch oder getrocknet
Zitronengras
Importiert wird das Zitronengras ganzjährig. Diese Sorte findet man ab und zu auf den Märkten.

****

Kokosnussmilch

Um Kokosnussmilch herstellen zu können, muss man zuerst das Fruchtfleisch zu Paste verarbeiten.

Kokosnusspaste herstellen

1. Methode

☺ Fruchtfleisch einer Kokosnuss reiben ➙ in den Mixaufsatz einer Elektroküchenmaschine geben ➙ 1/4 Liter heißes Wasser darüber geben und mit hoher Geschwindigkeit mixen ➙ einen weiteren 1/4 Liter heißes Wasser dazugeben und weitermixen, bis ein glatter Brei entstanden ist.

2. Methode

☺ Kokosnussfruchtfleisch von Hand reiben (oder fertig geriebene Kokosnuss verwenden) ➙ 1/2 Liter heißes Wasser darüber geben ➙ mit einem Schneebesen oder Elektromixer kräftig schlagen.

Kokosnussmilch herstellen

☺ Ein Sieb mit einem Küchentuch auslegen ➙ Kokosnussbrei hinein geben ➙ mit einem Löffel kräftig pressen ➙ die Enden des Tuches zusammenhalten und kräftig wringen, damit die restliche Flüssigkeit aus dem Brei austropfen kann.

****

Maße und Gewichte

Flüssigkeiten	**Gewürze**	
1 Tasse ergibt ca. 250 ml	*Kräuter*	1 Esslöffel ergibt ca. 5 g
1 Esslöffel ergibt ca. 20 ml	*Samen*	1 Esslöffel ergibt ca. 8 g
1 Teelöffel ergibt ca. 5 ml	*Pulver:*	1 Esslöffel ergibt ca. 8 g
		1 Teelöffel ergibt ca. 3 g

****

Bananenblätter

Einige Gerichte werden in Bananenblätter gewickelt und gedämpft. Solche Blätter gibt es in manchen afrikanischen, vor allem in asiatischen Lebensmittelläden.

Ersatzweise:

Man kann zum Einwickeln der Gerichte Alufolie verwenden.

✺ Falls Bananenblätter verwendet werden:

☺ Bananenblätter waschen und trocknen ➟ damit die Blätter weicher werden, über kochendes Wasser halten ➟ in Viereckform schneiden ➟ 1 bis 2 Esslöffel Teig in die Mitte geben, dann die Seiten umschlagen und zu einem kleinen Kasten formen ➟ die gefüllten Blätter mit Fäden binden.

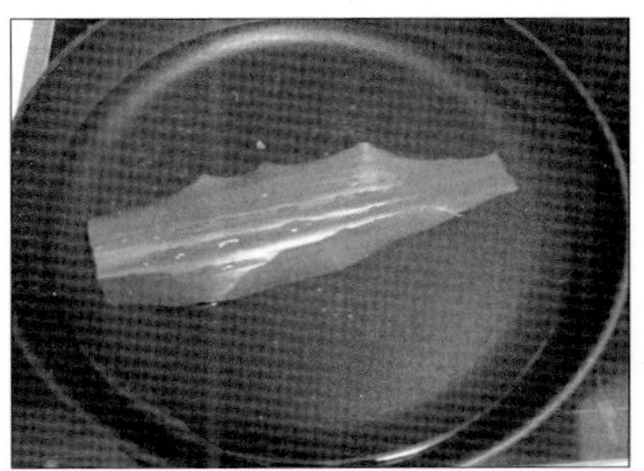

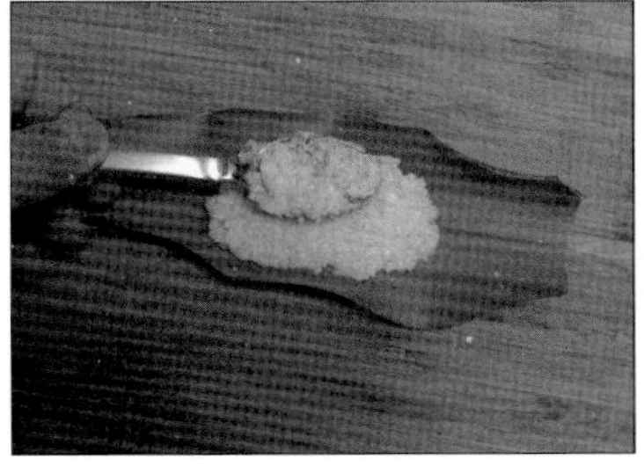

✷ Falls Alufolie verwendet wird (Abbildung 2):

☺ Alufolie in Vierecke schneiden ➡ mit Öl einreiben, dann 1 bis 2 Esslöffel Teig oder Füllung in die Mitte geben und die Alufolienecken umschlagen und gut verschließen ➡ reichlich Wasser in einen Topf geben und zum Kochen bringen ➡ gefüllte Alufolien in das Wasser geben und bei mittlerer Hitze 25 bis 30 Minuten kochen lassen ➡ aus dem Wasser nehmen ➡ Alufolie aufmachen, den Inhalt auf einen Teller geben und servieren.

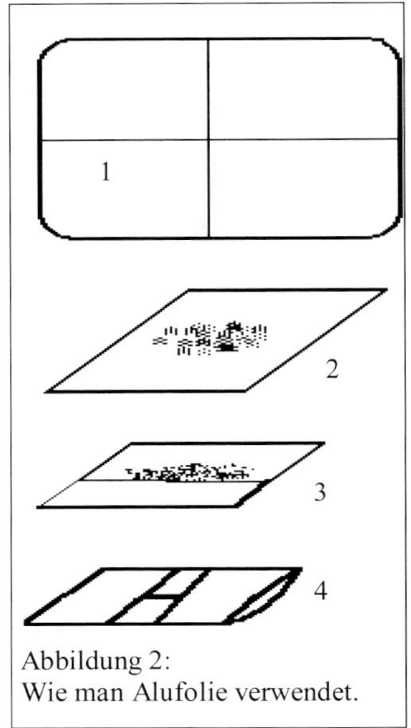

Abbildung 2:
Wie man Alufolie verwendet.

****

Dämpfen ohne Dampfkochtopf

☺ 1 bis 2 Tassen Wasser in ein großen Topf füllen ➡ gefüllte Bananenblätter oder gefüllte Alufolie in ein Sieb geben und über den Topf stellen ➡ Sieb zudecken ➡ Wasser zum Kochen bringen, dann bei mittlerer Hitze ca. 30 Minuten dämpfen lassen, bis der Teig gar ist.

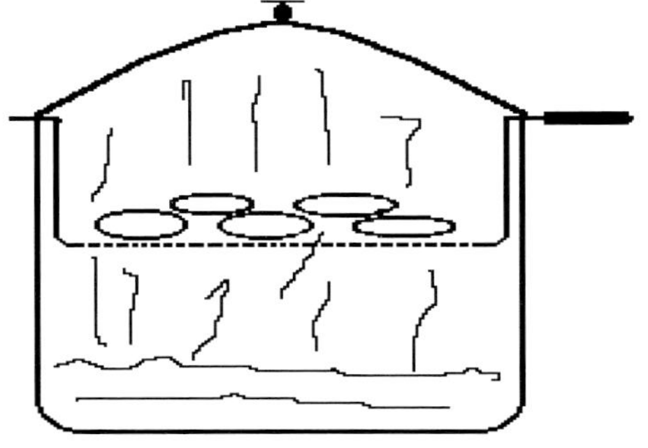

Vorspeisen

Auberginen in Öl

Zutaten:

1 kg Auberginen, schälen, in Scheiben oder Streifen schneiden, ca. 30 Minuten in Salzwasser legen, in ein Sieb geben und abtropfen lassen, damit die bitteren Säfte austropfen können
2 bis 3 kleine Zwiebeln, fein hacken
4 Knoblauchzehen, hacken
1 Bund Petersilie, Blätter waschen und hacken
Zitronensaft, nach Belieben
Salz
Pfeffer
Öl zum Braten
Olivenöl, nach Belieben

So wird es gemacht:

☺ Öl in einer Pfanne erhitzen ➡ Auberginen dazugeben und goldbraun braten ➡ aus der Pfanne nehmen ➡ abtropfen lassen und auf einen Servierteller geben.
☺ Zwiebeln, Knoblauch und Petersilie in eine Schüssel geben ➡ Olivenöl, Salz, Pfeffer und Zitronensaft darüber geben und gut vermengen ➡ über die Auberginen geben und servieren.

****

Gebratene Bohnenbällchen

Zutaten:

250 g Schwarze-Augen-Bohnen
1 große Zwiebel, fein hacken
2 Esslöffel gehackte Petersilie
Chilipulver
1 Ei, aufschlagen, in eine Schale geben und verrühren
Salz
Pfeffer

So wird es gemacht:

☺ Bohnen ca. 30 Minuten in Wasser legen ➟ mit der Hand reiben, damit sich die Schalen von den Bohnenkernen lösen ➟ Schalen entfernen ➟ in ein Sieb geben und abtropfen lassen ➟ die abgetropften Bohnen mahlen oder in einem Mörser zerdrücken.

☺ Gemahlene Bohnen, Ei, Chilipulver, Zwiebel, Salz und Pfeffer in eine Schale geben und gut vermengen.

☺ Öl in einer Pfanne erhitzen ➟ Bohnenmischung löffelweise in das heiße Öl geben und goldbraun braten ➟ heiß mit Brot servieren.

****

Frittierte Süßkartoffeln

Zutaten:

500 g Süßkartoffeln, schälen und in Scheiben schneiden, waschen, abtrocknen und mit etwas Salz bestreuen
Öl, zum Braten

So wird es gemacht:

☺ Öl in einer Pfanne erhitzen ➟ Kartoffelscheiben dazugeben und gar braten ➟ heiß servieren.

Pfannkuchen aus Reis und Linsen

Zutaten:

100 g Langkornreis, über Nacht in kaltem Wasser einweichen
25 g dunkle Linsen, einige Stunden in kaltem Wasser einweichen
Salz
Butterfett (Ghee)

So wird es gemacht:

☺ Reis waschen ➟ in ein Sieb geben und abtropfen lassen.
☺ Linsen waschen ➟ Schalen entfernen ➟ waschen ➟ in ein Sieb geben und abtropfen lassen.
☺ Reis und Linsen mischen ➟ in eine Küchenmaschine geben und zu einer Paste verarbeiten (eventuell etwas Wasser dazugeben) ➟ Paste mit einem feuchten Tuch bedecken und ca. 5 Stunden stehen lassen, dann nach und nach Wasser darüber geben und umrühren, bis eine dickflüssige Masse entstanden ist ➟ mit Salz abschmecken.
☺ Butterfett in einer Pfanne erhitzen ➟ Reispaste löffelweise dazugeben und in der Pfanne verteilen ➟ goldbraun braten ➟ zu Soßen oder Currygerichten servieren.

****

Mais mit Erdnüssen

Zutaten:

1 Tasse frische Maiskörner
1 Tasse Erdnüsse, feine Schalen entfernen
Salz
etwas Butter

So wird es gemacht:

☺ etwas Butter in einem Topf zerlassen ➞ Mais dazugeben und einige Minuten braten ➞ Erdnüsse dazugeben, salzen und bei schwacher Hitze ca. 10 Minuten braten ➞ abkühlen lassen und servieren.

****

Reispfannkuchen

Zutaten:

2/3 Tasse Reismehl
1 bis 2 Esslöffel Mehl
2 reife Kochbananen (Plantain), schälen und zerdrücken
2 kleine Zwiebeln, fein hacken
Salz und Pfeffer
Öl, zum Braten

So wird es gemacht:

☺ Kochbananen, Zwiebeln, Salz und Pfeffer in eine Schale geben und gut vermengen ➞ ca. 1 Stunde stehen lassen.
☺ Mehl zu der Bananenmischung geben und gut vermengen ➞ nach und nach etwas Wasser dazugeben und gut vermengen, bis ein weicher Teig entstanden ist.
☺ Öl in einer Pfanne erhitzen ➞ Teigmischung löffelweise hinein geben, mit dem Rücken eines Löffels in der Pfanne verteilen und goldbraun braten ➞ heiß servieren. Man kann die Pfannkuchen auch zu Suppen und Hauptgerichten servieren.

Scharfe Plantain

Zutaten:

2 bis 3 reife Kochbananen (Plantain), schälen, zerkleinern und pürieren
250 g Maismehl
2 bis 3 Esslöffel Mehl
2 Zwiebeln, fein hacken
1 kleine Chilischote (siehe Seite 7), Stielansatz entfernen, der Länge nach halbieren, Samen entfernen und zerdrücken oder fein hacken
2 cm Ingwerwurzel, zerdrücken
Salz
Öl zum Braten

So wird es gemacht:

☺ Alle Zutaten in eine Schüssel geben ➟ nach und nach etwas Wasser dazugeben und zu einem festen Teig verarbeiten.

☺ Teig zu Kugeln formen ➟ Öl in einer Pfanne erhitzen und die Kugeln goldbraun braten ➟ Plantainkugeln aus dem Öl nehmen ➟ abtropfen lassen und heiß servieren.

****

Gebratene Süßkartoffeln

Zutaten:

4 bis 5 Süßkartoffeln, schälen, gar kochen und pürieren
2 Eier, aufschlagen, in eine Schale geben und verrühren
2 bis 3 Esslöffel Mehl
Salz
Öl, zum Braten
2 bis 3 Esslöffel Butter oder Butterfett
Paniermehl, auf einen Teller verteilen

So wird es gemacht:

☺ Eier, Mehl, Butter und Salz zu dem Kartoffelpüree geben und gut vermengen ➟ Teig zu flachen Fladen verarbeiten.
☺ Öl in einer Pfanne erhitzen ➟ Teigfladen in Paniermehl wälzen und goldbraun braten ➟ heiß servieren. Man kann den gebratenen Teig als Beilage zu Hauptgerichten servieren.

****

Frittiertes Gemüse

Zutaten:

1 große Kartoffel, kochen, pellen, und hacken
1 Zucchini, waschen, in Streifen schneiden und in kleine Würfel schneiden
1 kleiner Blumenkohl, zerlegen, waschen und zerkleinern
3 bis 4 Esslöffel gekochte Maiskörner
2 lange milde Peperoni, der Länge nach halbieren, Samen entfernen und hacken
2 Lauchzwiebeln, in feine Ringe schneiden
1 Zwiebel, hacken
1 Knoblauchzehe und 3 cm Ingwerwurzel, mit etwas Salz zerdrücken
2 Esslöffel gehackter Spinat
1 Chilischote, der Länge nach halbieren, Samen entfernen und fein hacken (siehe Seite 7)
200 g Maismehl
25 g Mehl
1/2 Teelöffel Backpulver
1 bis 2 Teelöffel getrockneter Koriander
1/4 Teelöffel Chilipulver
1/4 Teelöffel Kurkuma
Salz
Öl, zum Braten

So wird es gemacht:

☺ Maismehl, Mehl und Backpulver in eine Schüssel geben und gut mischen ➟ nach und nach kaltes Wasser darüber geben und zu einer weichen Masse kneten ➟ Gemüse und die restlichen Zutaten dazugeben und gut vermengen ➟ Öl in einer Pfanne erhitzen ➟ Gemüsemasse löffelweise in das heiße Öl geben und goldbraun braten ➟ aus der Pfanne nehmen, abtropfen lassen und mit scharfer Soße servieren.

****

Frittierte Zwiebeln

Zutaten:

4 bis 5 große Zwiebeln, halbieren und in dünne Streifen schneiden
3 Knoblauchzehen, mit etwas Salz zerdrücken
3 bis 4 cm Ingwerwurzel, mit etwas Salz zerdrücken
1 Tasse Maismehl
1/4 Tasse Mehl
1/2 Teelöffel Backpulver
1 Ei, aufschlagen, in eine Schale geben und verrühren
1 Teelöffel Chilipulver
1/4 Teelöffel Kurkuma
Salz
Öl, zum Braten

So wird es gemacht:

☺ Maismehl, Mehl, Backpulver, Ei, Chilipulver, Kurkuma und Salz in eine Schale geben und gut vermengen ➟ nach und nach etwas Wasser dazugeben und zu einem weichen Teig verarbeiten ➟ Zwiebeln, Knoblauchpaste und Ingwerpaste dazugeben und gut vermengen.

☺ Öl in einer Pfanne erhitzen ➟ Teigmischung löffelweise in das Öl geben ➟ mit einem Löffel flachdrücken ➟ goldbraun braten ➟ aus der Pfanne nehmen ➟ abtropfen lassen, heiß mit scharfer Soße servieren.

Bohnenbällchen

Zutaten:

2 Tassen getrocknete Bohnen, über Nacht in kaltem Wasser einweichen (Sorte nach Belieben)
Salz
Öl, zum Braten

So wird es gemacht:

☺ Bohnen waschen, in eine Schale geben, mit Wasser bedecken und mit beiden Händen reiben, damit die Schalen sich lösen ➡ Schalen entfernen ➡ Bohnen in ein Sieb geben und abtropfen lassen, dann in einem Mörser oder einer Küchenmaschine zerdrücken ➡ Mehl und ca. 1 Teelöffel Salz dazugeben und gut vermengen ➡ Wasser nach und nach dazugeben und zu einer dicken Paste verarbeiten ➡ Bohnenpaste zu Kugeln formen.
☺ Öl in einer Pfanne erhitzen ➡ Bohnenkugeln dazugeben und goldbraun braten ➡ aus der Pfanne nehmen ➡ abtropfen lassen ➡ heiß mit Brot servieren.

****

Gewürzter Grieß

Zutaten:

250 g Grieß, auf einem Backblech verteilen, in den vorgeheizten Backofen (ca. 200°C) schieben und solange backen lassen, bis der Grieß braun ist
350 ml Wasser
Saft von zwei Zitronen
50 g Cashewnüsse, grob hacken
2 kleine Zwiebeln, fein hacken
1 Chilischote, der Länge nach halbieren, Samen entfernen und hacken (siehe Seite 7)
1 Esslöffel gehackte Korianderblätter
2 Esslöffel gehackte Petersilie
1 Teelöffel Senfkörner

Salz
1 Esslöffel Ghee oder Butterfett
3 bis 4 Esslöffel Öl

So wird es gemacht:

☺ Öl in einem Topf erhitzen ➠ Senfkörner dazugeben und braten, bis sie anfangen aufzugehen ➠ Cashewnüsse dazugeben und bei schwacher Hitze ca. 1 Minute braten ➠ Zwiebeln, Chili, Petersilie und Koriander dazugeben und dünsten, bis die Zwiebeln glasig sind ➠ Wasser und Zitronensaft darüber geben ➠ salzen ➠ umrühren und zum Kochen bringen, dann bei schwacher Hitze ca. 5 Minuten köcheln lassen ➠ Grieß darüber geben, gut vermengen ➠ Topf zudecken und bei schwacher Hitze köcheln lassen, bis der Brei dicker und trocken ist. Zwischendurch umrühren, damit es nicht anbrennt ➠ heiß servieren.

****

Frittierte Plantain

Zutaten:

2 bis 3 Kochbananen (Plantain), schälen und in Scheiben schneiden
Puderzucker
Öl, zum Braten

So wird es gemacht:

☺ Öl in einer Pfanne erhitzen ➠ Plantainscheiben dazugeben und goldbraun braten ➠ aus der Pfanne nehmen ➠ abtropfen lassen ➠ mit Zucker bestreuen und servieren.

****

Gefüllte Kartoffelbällchen

Zutaten:

1 kg Kartoffeln, kochen, abkühlen lassen, pellen, in eine Schüssel geben und mit einer Gabel pürieren
2 große Zwiebeln, fein hacken
3 bis 4 Esslöffel Maismehl oder normales Mehl
2 große Tomaten, hacken
3 Esslöffel Tomatenmark
3 Knoblauchzehen, zerkleinern
3 bis 4 cm Ingwerwurzel, hacken
1 Chilischote (siehe Seite 7), der Länge nach halbieren, Samen entfernen und hacken
1 Teelöffel Chilipulver
je 1 Teelöffel Kurkuma und Kümmel
2 Esslöffel gehackter Koriander
2 Esslöffel gehackte Petersilie
1 Ei
1 Ei, aufschlagen, in eine Schale geben und verrühren
ca. 1/4 Tasse Wasser
Paniermehl, auf einem Teller verteilen
Salz
Öl, zum Braten

So wird es gemacht:

☺ Knoblauch, Ingwerwurzel, Kurkuma, Chilipulver und Kümmel mit etwas Salz in einen Mörser geben und zerdrücken.
☺ Ei und Mehl zu den Kartoffeln geben und gut vermengen ➡ Kartoffelpüree zu Bällchen verarbeiten und beiseite stellen.
☺ Etwas Öl in einen Topf geben und erhitzen ➡ Zwiebeln dazugeben und glasig dünsten ➡ Gewürzpaste, Chili, Koriander und Petersilie untermengen und kurz dünsten ➡ Tomaten dazugeben und dünsten, bis die Flüssigkeit verdunstet ist ➡ Tomatenmark in Wasser auflösen und dazugeben, umrühren und bei schwacher Hitze köcheln lassen, bis die Flüssigkeit verdampft ist ➡ salzen ➡ Topf vom Herd nehmen und

abkühlen lassen.
☺ Mehl auf einem Teller verteilen.
☺ Die Kartoffelbällchen flachdrücken ➟ Tomatenmischung in die Mitte geben und den Fladen zu Bällchen formen.
☺ Öl in einer Pfanne erhitzen.
☺ Gefüllte Kartoffelbällchen zuerst in Ei, danach in Paniermehl wälzen und goldbraun braten ➟ heiß mit Brot servieren.

****

Yam-Bällchen

Zutaten:

250 g Yam, kochen, schälen und pürieren
1 kleine Zwiebel, fein hacken
1 Ei, aufschlagen, in eine Schale geben und verrühren
1 Esslöffel gehackte Petersilie
1 bis 2 Esslöffel Mehl oder Maismehl
Salz und Pfeffer
Paniermehl, auf einem Teller verteilen
Öl, zum Braten

So wird es gemacht:

☺ Yampüree, Zwiebel, Mehl und Petersilie in eine Schale geben und gut vermengen ➟ Mehl darüber geben und mischen ➟ Yamteig zu kleinen Bällchen formen.
☺ Öl in einer Pfanne erhitzen ➟ Yambällchen zuerst in Ei, dann in Paniermehl wälzen und goldbraun braten.

Plantain mit Kokosnuss

Zutaten:

3 bis 4 grüne Kochbananen (Plantain), schälen, halbieren und in Streifen schneiden
1/2 Tasse Kokosnussmilch (siehe Seite 10)
1/2 Teelöffel Chilisoße
1 Teelöffel Kurkuma
2 Teelöffel Currypulver
Salz und Pfeffer
Butterfett (Ghee)

So wird es gemacht:

☺ Butterfett in einem Topf zerlassen ➞ Currypulver und Kurkuma dazugeben und ca. 1 Minute braten ➞ Kochbananen hinzufügen und braten, bis sie Farbe annehmen ➞ Chilisoße dazugeben ➞ salzen und pfeffern ➞ Kokosnussmilch darüber geben, umrühren und bei schwacher Hitze ca. 30 Minuten köcheln lassen ➞ heiß zu Reis servieren.

****

Gekochte Süßkartoffeln

Zutaten:

500 g Süßkartoffeln, schälen und waschen
Salz

So wird es gemacht:

☺ Süßkartoffeln in einen Topf geben ➞ mit kaltem Wasser bedecken ➞ etwas Salz darüber streuen und gar kochen ➞ in ein Sieb geben, abtropfen lassen und servieren.

****

Gebratene Cassava

Zutaten:

Cassava (Menge nach Belieben), schälen, waschen, mit einem Reibeisen reiben und pressen, damit die Flüssigkeit austropfen kann
etwas Mehl
Salz
Öl, zum Braten

So wird es gemacht:

☺ geriebene Cassava, Salz und Mehl in eine Schale geben und gut vermengen, dann zu Kugeln formen.
☺ Öl in einer Pfanne erhitzen ➡ Cassavabällchen dazugeben und goldbraun braten ➡ heiß mit Brot oder zu Suppen und Hauptgerichten servieren.

Vermerk:
Cassava (Maniok, Tapioca) enthält giftigen Blausäuereglykosid deshalb darf man sie nicht roh gegessen werden. Deshalb sollte der Maniok gekocht, geröstet oder gedämpft serviert.

****

Kochbananen Mehl

Cassava

Salate

Scharfer Bananensalat

Zutaten:

3 reife Bananen, schälen, in Streifen schneiden und würfeln
2 Tassen Jogurt
1/2 Chilischote, zerdrücken (siehe Seite 7)
je 1/2 Teelöffel Ingwerpulver und Kümmelpulver
Salz

So wird es gemacht:

☺ Jogurt in eine Schale geben ➟ Chili, Ingwerpulver und Kümmelpulver dazugeben und umrühren ➟ salzen ➟ Bananenwürfel untermengen ➟ abschmecken ➟ zu Currygerichten servieren.

****

Linsensalat

Zutaten:

250 g dunkle Linsen, waschen und abtropfen lassen
2 Zwiebeln, hacken
1 Knoblauchzehe, mit Salz zerdrücken
Zitronensaft
1 Bund Petersilie, Blätter waschen und hacken
1 Esslöffel gehackte Pfefferminzblätter
1 Teelöffel Kümmelpulver
Salz und Pfeffer
3 bis 4 Esslöffel Olivenöl

So wird es gemacht:

☺ Linsen in einen Topf geben ➟ mit Wasser bedecken und ca. 20 Minuten kochen lassen, bis die Linsen gar sind ➟ in ein Sieb geben und abtropfen lassen.

☺ Alle anderen Zutaten in eine Schale geben und gut verrühren ➟ Linsen untermengen, abschmecken und kalt mit Brot servieren.

****

Gemischter Salat

Zutaten:

1 Salatkopf, zerlegen, waschen und zerkleinern
3 bis 4 Tomaten, Stielansätze entfernen, waschen, halbieren und in Streifen schneiden
1/2 Gurke, schälen, der Länge nach halbieren und zerkleinern
1 große Zwiebel, in Streifen oder Ringe schneiden
1 Bund Radieschen, Stielansätze entfernen, waschen und halbieren
1 Esslöffel gehackte Petersilie
1 Esslöffel gehackte Pfefferminze
Oliven, nach Belieben
2 Knoblauchzehen, mit Salz zerdrücken
Zitronensaft
Salz
Pfeffer
Olivenöl, nach Belieben

So wird es gemacht:

☺ Knoblauchpaste, Salz, Pfeffer, Petersilie, Pfefferminze und etwas Zitronensaft in eine Servierschüssel geben und verrühren ➟ alle anderen Zutaten dazugeben und gut mischen ➟ mit Salz, Zitronensaft und Olivenöl abschmecken und servieren.

****

Jogurtsalat

Zutaten:

1 Tasse Jogurt
1 kleine Gurke, schälen, in Streifen schneiden und würfeln
1 Esslöffel gehackte Pfefferminze
Salz

So wird es gemacht:

☺ Jogurt in eine Schale geben ➟ mit einem Schneebesen cremig schlagen ➟ gehackte Pfefferminze und Gurke dazugeben und umrühren ➟ mit Salz abschmecken ➟ mit einigen Pfefferminzblättern garnieren und servieren.

****

Scharfer Jogurtsalat

Zutaten:

1/2 Gurke, schälen, halbieren und in Streifen schneiden
1/2 Bund Radieschen, Stielansätze entfernen, waschen und in Scheiben schneiden
1 Tasse Jogurt
1/4 Teelöffel Chilipulver
1 Teelöffel mildes Paprikapulver
1 Teelöffel Kümmelsamen, in einen Mörser geben und zerdrücken
Salz

So wird es gemacht:

☺ Jogurt in eine Schale geben und mit einem Schneebesen verrühren ➟ Kümmelsamen und Chilipulver dazugeben und gut vermengen ➟ mit Salz abschmecken ➟ Gurke und Radieschen untermengen ➟ Paprikapulver darüber streuen und servieren.

****

Gurken- und Erdnusssalat

Zutaten:

1 Gurke, schälen, in Streifen schneiden und zerkleinern
3 Esslöffel Erdnüsse, feine Schalen entfernen, in einen Mörser geben und grob zerdrücken
1 Esslöffel gehackte Petersilie
1 Teelöffel getrockneter Koriander
1 kleine Chilischote (siehe Seite 7), der Länge nach halbieren, Samen entfernen und fein hacken
Saft einer Zitrone
je 1/2 Teelöffel Kümmelsamen und Senfkörner
etwas Öl
Salz

So wird es gemacht:

☺ Gurke, Erdnüsse, Petersilie, Chili, Koriander und Zitronensaft in eine Schale geben und gut miteinander vermengen ➟ mit Salz abschmecken.
☺ Öl in einer kleinen Pfanne erhitzen ➟ Kümmelsamen und Senfkörner dazugeben und rösten, bis die Senfkörner anfangen in der Pfanne zu springen ➟ Pfanne vom Herd nehmen und die gerösteten Gewürze über den Salat geben ➟ Salatmischung mixen und servieren.

****

Gurken- und Tomatensalat

Zutaten:

3 Tomaten, Stielansätze entfernen, halbieren, in Streifen schneiden und klein würfeln
1 kleine Gurke, schälen, in Streifen schneiden und würfeln
3 bis 4 Schalotten oder Lauchzwiebeln, hacken
1 Esslöffel zerdrückte Erdnüsse
1 Esslöffel gehackte Petersilie
1 Esslöffel gehackter Koriander oder 1 Teelöffel getrockneter Koriander
Zitronensaft
Salz
Pfeffer
Öl

So wird es gemacht:

☺ Tomaten, Gurke und Schalotten oder Lauchzwiebeln in eine Schale geben ➟ Petersilie und Koriander darüber geben und mischen ➟ mit Zitronensaft, Salz und Pfeffer abschmecken ➟ Erdnüsse darüber streuen, gut vermengen und servieren.

****

Rote Bete-Salat

Zutaten:

250 g Rote Bete, kochen, schälen und in Scheiben schneiden
1 kleine Zwiebel, fein hacken
Zitronensaft
Salz
Pfeffer und Paprikapulver

So wird es gemacht:

☺ Rote Bete und Zwiebel in eine Schale geben und mischen ➠ mit Zitronensaft, Salz, Pfeffer und Paprikapulver abschmecken und servieren.

****

Auberginensalat

Zutaten:

1 große Aubergine
1 große Zwiebel, hacken
2 Esslöffel gehackte Petersilie
1 Esslöffel gehackter Koriander oder 1 Teelöffel getrockneter Koriander
1 Chilischote (siehe Seite 7), der Länge nach halbieren, Samen entfernen und fein hacken
Zitronensaft
Salz und Pfeffer

So wird es gemacht:

☺ Backofen auf 200°C vorheizen.

☺ Aubergine gut in Alufolie einhüllen und im vorgeheizten Backofen ca. 25 Minuten garen ➠ Auberginenschale entfernen, in eine Schale geben und mit einer Gabel pürieren ➠ alle anderen Zutaten dazugeben und gut vermengen ➠ mit Salz und Zitronensaft abschmecken und servieren.

****

Kartoffelsalat

Zutaten:

250 g Kartoffeln, kochen, pellen und in Würfel schneiden
2 Tomaten, hacken
1 Tasse Jogurt
1 Esslöffel gehackte Petersilie
1 Esslöffel gehackter Koriander oder 1 Teelöffel getrockneter Koriander
1/4 Teelöffel Kümmelpulver
Salz
Pfeffer
Chilipulver

So wird es gemacht:

☺ Jogurt in eine Schale geben ➟ Gewürze dazugeben und umrühren ➟ alle anderen Zutaten untermengen und servieren.

****

Ananassalat mit Hähnchenfleisch

Zutaten:

250 g gekochtes Hähnchenfleisch, zerkleinern
1 kleine Ananas, schälen und klein würfeln oder 1 große Dose Ananas, Saft durch ein Sieb geben
einige Salatblätter, waschen und zerkleinern
1/4 Teelöffel fein gehackte Peperoni
1 Esslöffel Zitronensaft
etwas geriebene Zitronenschale
Salz
Öl

So wird es gemacht:

☺ Ananas und Hähnchenfleisch in eine Schüssel geben.
☺ Die restlichen Zutaten in eine Schale geben ➞ 3 bis 4 Esslöffel Ananassaft dazugeben und mit einem Schneebesen schlagen ➞ Soße über das Ananas-Fleisch-Gemisch geben ➞ gut vermengen und bis zum Servieren im Kühlschrank aufbewahren.

****

Fischsalat

Zutaten:

250 g gesalzener Fisch, einige Zeit in Wasser legen, waschen, zerlegen und das Fischfleisch zerkleinern
1 kleine Zwiebel, fein hacken
1 große Tomate, hacken
Zitronensaft
Pfeffer
Chilipulver
ca. 1 Esslöffel Öl

So wird es gemacht:

☺ Fischfleisch, Zwiebel und Tomaten in eine Schale geben und gut vermengen ➞ mit Öl, Zitronensaft, Pfeffer und Chilipulver abschmecken und servieren.

****

Suppen

Tomatensuppe

Zutaten:

500 g Tomaten
2 Tassen Wasser
1 Teelöffel Kümmelsamen
Salz, Pfeffer und Chilipulver
1 Esslöffel Öl oder Butter

So wird es gemacht:

☺ Tomaten und 2 Tassen Wasser in einen Topf geben und gar kochen ➟ in ein Sieb geben und pressen ➟ Tomatensaft in einem Topf auffangen und beiseite stellen.

☺ Öl oder Butter in einer Pfanne erhitzen ➟ Kümmelsamen dazugeben und rösten ➟ Kümmel in den Tomatensaft geben ➟ umrühren und zum Kochen bringen ➟ vom Herd nehmen ➟ mit Salz, Pfeffer und Chilipulver abschmecken und heiß servieren.

❄❄❄❄❄❄❄❄❄❄❄

Tomaten- und Selleriesuppe

Zutaten:

500 g Tomaten, hacken
1 kleiner Sellerie, hacken
5 Tassen Wasser
2 Esslöffel Maismehl
1/2 Esslöffel Zucker
Salz
Pfeffer

So wird es gemacht:

☺ Tomaten, Sellerie und 3 Tassen Wasser in einen Topf geben und gar kochen ➟ Sieb über einen Topf stellen ➟ gekochtes Gemüse mit der Flüssigkeit durch das Sieb geben und abtropfen lassen ➟ das restliche Gemüse mit Hilfe eines Löffels pressen, bis alle Flüssigkeit ausgetropft ist ➟ 2 Tassen Wasser und die restlichen Zutaten dazugeben und umrühren ➟ abschmecken ➟ kochen lassen, bis die Suppe dick wird. Evtl. mit Maismehl andicken ➟ heiß mit getoastetem Brot servieren.

❄❄❄❄❄❄❄❄❄❄❄

Nudelsuppe

Zutaten:

250 g Suppennudeln (kleine Nudelsorten)
1 große Kartoffel, schälen, in Streifen schneiden und würfeln
1/2 Tasse frische Erbsen
1 große Zwiebel, hacken
1 Knoblauchzehe, mit etwas Salz zerdrücken
1 Teelöffel getrockneter Koriander oder 1 Esslöffel gehackter Koriander
2 Esslöffel gehackte Petersilie
Salz,
Pfeffer
Chilipulver
4 Tassen Wasser
Öl oder Butterfett

So wird es gemacht:

☺ Öl oder Butterfett in einem Topf erhitzen ➟ Zwiebeln dazugeben und glasig dünsten ➟ Knoblauchpaste dazugeben und kurz dünsten ➟ Gemüse, Petersilie und Koriander untermengen und einige Minuten dünsten, dann Wasser darüber geben und zum Kochen bringen, dann bei mittlerer Hitze kochen lassen, bis das Gemüse halbgar ist ➟ Nudeln dazugeben ➟

kochen lassen, bis das Gemüse und die Nudeln gar sind ➡ mit Salz, Pfeffer und Chilipulver abschmecken und heiß servieren.

❄❄❄❄❄❄❄❄❄❄

Linsensuppe

Zutaten:

200 g rote Linsen, waschen und abtropfen lassen
1 kleine Zwiebel, hacken
3 Knoblauchzehen, mit etwas Salz zerdrücken
1 Chilischote (siehe Seite 7), der Länge nach halbieren, Samen entfernen und fein hacken
5 Esslöffel geriebene Kokosnuss
einige Pfefferkörner und Kümmelsamen, in einen Mörser geben und zerdrücken
Zitronensaft
1 Esslöffel gehackter Koriander oder Petersilie
Salz

So wird es gemacht:

☺ Linsen und ca. 500 ml Wasser in einen Topf geben und gar kochen ➡ alle anderen Zutaten dazugeben, außer Zwiebeln und Koriander und 6 bis 7 Minuten köcheln lassen ➡ mit Salz und Zitronensaft abschmecken ➡ in eine Servierschale geben ➡ mit gehackter Zwiebel und Koriander garnieren und servieren.

❄❄❄❄❄❄❄❄❄❄

Kartoffelsuppe

Zutaten:

1 kg Kartoffeln, schälen und in kleine Würfel schneiden
3 Zwiebeln, hacken
1/2 Tasse Milch
2 Knoblauchzehen und ca. 3 cm Ingwerwurzel, mit etwas Salz zerdrücken
gehackte Petersilie, Koriander und Thymian, nach Belieben
4 1/4 bis 5 Tassen Wasser
Salz,
Pfeffer
Chilipulver
Öl oder Butterfett

So wird es gemacht:

☺ Öl oder Butterfett in einen Topf geben und erhitzen ➟ Zwiebeln dazugeben und glasig dünsten ➟ Knoblauchpaste und Gewürze dazugeben und kurz dünsten ➟ Kartoffeln dazugeben und kurz braten ➟ Wasser und Milch darüber geben und kochen lassen, bis die Kartoffeln sehr gar sind ➟ Topfinhalt durch ein Sieb geben und die Flüssigkeit auffangen ➟ die restlichen Kartoffeln die noch im Sieb sind, mit Hilfe eines Löffels pressen und die restlichen Gewürze, die im Sieb geblieben sind, zu der Suppe geben ➟ Suppe abschmecken und servieren. Falls die Suppe sehr flüssig ist, mit etwas Maismehl andicken.

****

Gemüsesuppe

Zutaten:

2 Tassen verschiedene Gemüse (Karotten, Blumenkohl, Okra, frische Erbsen, Bohnen usw.), zerkleinern
2 Esslöffel gehackte Petersilie
1 große Zwiebel, hacken
ca. 2 Tassen Wasser
etwas Milch
Salz
Pfeffer
Paprikapulver und Chilipulver
Öl oder Butterfett

So wird es gemacht:

☺ Öl oder Butterfett in einem Topf erhitzen ➟ Gemüsesorten, Zwiebel und Petersilie dazugeben und ca. 5 Minuten braten ➟ Wasser darüber geben ➟ mit Gewürzen abschmecken ➟ zum Kochen bringen, dann bei schwacher Hitze ca. 15 Minuten köcheln lassen, bis die Gemüse gar sind ➟ etwas Milch dazugeben, umrühren und heiß servieren.

❄❄❄❄❄❄❄❄❄❄

Pfeffersuppe

Zutaten:

Tomate, fein hacken
2 Esslöff2 Esslöffel Mungbohnen (kleine grüne Bohnen), waschen und abtropfen lassen
1 Zwiebel, hacken
3 Knoblauchzehen, mit etwas Salz zerdrücken
1 große Esslöffel geriebene Kokosnuss
3 Chilischoten, der Länge nach halbieren, Samen entfernen und fein hacken
1 Esslöffel Tamarinde
2 Esslöffel gehackte Petersilie

1 Esslöffel gehackter Koriander oder
1 Teelöffel getrockneter Koriander
j1 Teelöffel Kümmelsamen, zerdrücken
1 Teelöffel Senfkörner, zerdrücken
Salz
Öl

So wird es gemacht:

☺ 1 Tasse Wasser und Tamarinde in einen Topf geben und ca. 10 Minuten kochen lassen ➟ abkühlen lassen, dann mit einer Gabel pürieren und harte Stellen und Steine oder Samen entfernen ➟ durch ein Sieb geben und Flüssigkeit aufbewahren.
☺ Bohnen und ca. 2 Tassen Wasser in einen Topf geben und ca. 20 Minuten kochen lassen, bis sie gar sind.
☺ Öl in einem Topf erhitzen ➟ Zwiebeln dazugeben und glasig dünsten ➟ Gewürze, Knoblauchpaste, Koriander und Petersilie dazugeben und kurz dünsten ➟ Tomaten und Kokosnuss untermengen und dünsten, bis viel Flüssigkeit verdampft ist ➟ Chilis, Bohnen und Tamarinde mit deren Flüssigkeit dazugeben ➟ ca. 5 Minuten kochen lassen ➟ heiß mit Fladenbrot servieren.

❄❄❄❄❄❄❄❄❄❄❄

Hähnchensuppe

Zutaten:

1 Hähnchen, waschen, abtropfen lassen und zerkleinern
1 Zwiebel, hacken
2 Tomaten
1 Tasse geschälte Erdnüsse, in einen Mörser geben und zu einer weichen Paste zerdrücken (oder 2 Esslöffel Erdnusspaste verwenden)
Salz
Pfeffer und Chilipulver
Öl

So wird es gemacht:

☺ Hähnchenteile und Tomaten in einen Topf geben ➟ ca. 1 Liter Wasser darüber geben ➟ salzen und pfeffern ➟ kochen lassen, bis das Fleisch fast gar ist ➟ Hähnchenteile aus dem Topf nehmen und abkühlen lassen.

☺ Brühe durch ein Sieb geben und in einem Topf auffangen ➟ die Tomaten, die im Sieb sind, pressen und mit der Brühe mischen ➟ Brühe abschmecken und langsam zum Kochen bringen.

☺ Hähnchenfleisch von den Knochen lösen und zerkleinern.

☺ Öl in einer Pfanne erhitzen ➟ Zwiebeln dazugeben und glasig dünsten ➟ Hähnchenfleisch untermengen und kurz braten ➟ mit Salz, Pfeffer und Chilipulver abschmecken und zu der Brühe geben ➟ Suppe zum Kochen bringen, dann bei schwacher Hitze köcheln lassen, bis das Fleisch gar ist ➟ heiß mit Yampüree servieren.

❄❄❄❄❄❄❄❄❄❄

Auberginensuppe

Zutaten:

1 afrikanische Aubergine (grüne Aubergine). Ersatzweise normale Aubergine, waschen und abtrocknen
2 Tomaten
2 bis 3 lange milde Peperoni
2 Zwiebeln, hacken
1 Scheibe Schinken, zerkleinern
250 g Fischfilets, waschen, abtrocknen und zerkleinern
Eine Handvoll Krabbenfleisch
250 g Lammfleisch, in kleine Würfel schneiden
Salz, Pfeffer und Chilipulver

So wird es gemacht:

☺ Aubergine, Peperoni und Lammfleisch in einen Topf geben, mit Wasser bedecken und gar kochen ➟ Topf vom Herd nehmen ➟ Aubergine, Peperoni und Fleisch mit einer

Schaumkelle aus der Brühe nehmen ➟ Brühe durch ein Sieb geben und in einem Topf auffangen.

☺ Schale und Stielansatz der gar gekochten Aubergine entfernen ➟ Auberginen-Fruchtfleisch mit einer Gabel pürieren und beiseite stellen.

☺ Stielansätze und Samen der Peperoni entfernen ➟ Peperoni zerdrücken und beiseite stellen.

☺ Tomaten, Zwiebeln, Fleisch und Fischfilets zu der Brühe geben und gar kochen ➟ Tomaten in ein Sieb geben, über die Brühe stellen und pressen ➟ Auberginenpüree und Peperoni dazugeben ➟ mit Salz, Pfeffer und Chilipulver abschmecken ➟ Krabbenfleisch dazugeben und bei mittlerer Hitze ca. 30 Minuten kochen lassen ➟ heiß mit Yam- oder Plantainpüree servieren.

❄❄❄❄❄❄❄❄❄❄

Variante 2

Zutaten:

2 afrikanische Auberginen oder normale Auberginen
3 bis 4 Zwiebeln, hacken
4 Tomaten
250 g Fleisch, in kleine Würfel schneiden, waschen und abtropfen lassen
Salz und Pfeffer

So wird es gemacht:

☺ Fleischwürfel und ca. 1 Liter Wasser in einen Topf geben und langsam zum Kochen bringen ➟ Gemüse dazugeben, kochen lassen, bis die Auberginen gar sind ➟ Auberginen und Tomaten aus der Suppe nehmen.

☺ Auberginen schälen, pürieren und zu der Suppe geben.

☺ Tomaten in ein Sieb geben ➟ über den Topf stellen und passieren.

☺ Suppe abschmecken und bei schwacher Hitze ca. 30 Minuten köcheln lassen ➟ heiß mit Yam- oder anderen Püreesorten servieren.

Okrasuppe

Zutaten:

250 g frische Okraschoten, Stielansätze kegelförmig abschneiden, waschen, abtropfen lassen und zerkleinern
3 bis 4 lange milde Peperoni
1 kleine afrikanische Aubergine oder normale Aubergine, waschen und abtrocknen
250 g geräucherter Fisch oder Fischfilets
4 Tomaten, Stielansätze entfernen, waschen und hacken
1 große oder 2 kleine Zwiebeln, hacken
Salz
Pfeffer und Chilipulver

So wird es gemacht:

☺ Alle Zutaten in einen Topf geben ➟ mit Wasser bedecken, kochen lassen, bis die Gemüse gar sind ➟ Aubergine mit einem Schaumlöffel aus der Suppe herausnehmen ➟ schälen, pürieren und wieder in die Suppe hineingeben ➟ Suppe abschmecken, einige Minuten köcheln lassen und heiß servieren.

❄❄❄❄❄❄❄❄❄❄

Fischsuppe

Zutaten:

1 kg Fischfilets, waschen, abtrocknen und zerkleinern
4 Tomaten
1 Esslöffel Tomatenmark
250 g Zwiebeln, schälen und halbieren
1 Liter Wasser
Maismehl
Chilipulver (nach Belieben)
Salz
Pfeffer

So wird es gemacht:

☺ Fischfilets, Zwiebeln und Tomaten in einen Topf geben ➡ mit Salz, Pfeffer und Chilipulver abschmecken und zum Kochen bringen, dann bei mittlerer Hitze kochen lassen, bis die Tomaten gar sind ➡ Tomaten mit einem Schaumlöffel aus der Suppe nehmen ➡ in ein Sieb geben und über den Topf mit der Suppe stellen ➡ Tomaten durch das Sieb pressen.
☺ Eine Tasse mit Suppenflüssigkeit oder Wasser füllen ➡ Tomatenmark dazugeben und auflösen, dann 1 bis 2 Esslöffel Maismehl dazugeben und auflösen ➡ in die Suppe geben und umrühren, dann bei schwacher Hitze einige Minuten köcheln lassen ➡ abschmecken ➡ heiß mit Fufu servieren.

****

Fischsuppe mit Palmölnüssen

Zutaten:

1 kg Palmölnüsse
500 g Fische oder Fischfilets, waschen und abtrocknen
einige Okraschoten, Stielansätze kegelförmig abschneiden, waschen, abtropfen lassen und zerkleinern
3 bis 4 lange milde Peperoni, Stielansätze entfernen, der Länge nach halbieren, Samen entfernen und hacken
250 g Tomaten
2 Zwiebeln, hacken
Salz, Pfeffer, Chilipulver und Ingwerpulver

So wird es gemacht:

☺ Die Palmölnüsse gut mit kaltem Wasser waschen und in einen Topf mit ca. einem halben Liter Wasser geben ➡ die Nüsse ca. 20 Minuten kochen, bis sich die Schalen lösen ➡ Nüsse mit einem Schaumlöffel aus dem Wasser nehmen ➡ Kochwasser abkühlen lassen ➡ Nüsse stampfen, um das Öl herauszudrücken, dann (in dem Topf) mit dem Wasser waschen, um das Öl zu entfernen ➟ durch ein Sieb gießen, Wasser aufbewahren und mit kaltem Wasser auf ca. 1 Liter auffüllen.

☺ Alle anderen Zutaten in das Palmnussölwasser geben ➟ kochen lassen, bis die Gemüse gar sind ➟ Tomaten in ein Sieb geben ➟ über den Topf stellen und pressen ➟ umrühren, abschmecken und mit Püree servieren.

❄❄❄❄❄❄❄❄❄❄❄

Geräucherte Fischsuppe mit Plantain

Zutaten:

250 g geräucherter Fisch
1 Kochbanane (Plantain), schälen, in Scheiben schneiden und vierteln
1 kleine Chayote (Chocho, Eierkürbis), waschen, schälen und zerkleinern
2 Zwiebeln, hacken
3 bis 4 Tomaten, Stielansätze entfernen und hacken
2 Esslöffel gehackte Petersilie
1 Esslöffel frischer Thymian
1/4 kleine scharfe Chilischote, fein hacken
Salz und Pfeffer
Öl oder Butterfett

So wird es gemacht:

☺ Fisch in einen Topf geben ➟ ca. 1 Liter Wasser darüber geben und 10 Minuten kochen lassen ➟ Topf vom Herd nehmen, Fisch aus dem Sud nehmen, zerlegen und das Fleisch beiseite stellen. Kochwasser aufbewahren.

☺ Öl oder Butterfett in einem Topf erhitzen ➟ Zwiebeln dazugeben und glasig dünsten ➟ Tomaten untermengen und dünsten, bis viel Flüssigkeit verdampft ist ➟ Fischfleisch, Petersilie, Chili und Thymian dazugeben, kurz dünsten und in das Kochwasser hineingeben ➟ ca. 1/2 Liter kaltes Wasser zum Kochwasser dazugeben und zum Kochen bringen ➟

Plantain und Chocho dazugeben, dann bei mittlerer Hitze kochen lassen, bis die Gemüse gar sind ➟ abschmecken ➟ heiß mit Püree servieren.

✻✻✻✻✻✻✻✻✻✻

Hähnchensuppe mit Erdnüssen

Zutaten:

2 Tassen geschälte Erdnüsse, dünne Schalen entfernen
1 Hähnchen, zerkleinern, waschen und abtropfen lassen
1 Zwiebel, hacken
3 bis 4 Tomaten, Stielansätze entfernen und hacken
4 lange milde Peperoni, Stielansätze entfernen, der Länge nach halbieren, Samen entfernen und hacken
Chilipulver
Salz
Pfeffer
Öl oder Butterfett

So wird es gemacht:

☺ Erdnüsse in einen Mörser geben und zu einer weichen Paste zerdrücken.
☺ Hähnchen in einen Topf geben ➟ mit Wasser bedecken ➟ salzen, pfeffern und gar kochen ➟ aus der Brühe nehmen, zerlegen und das Fleisch beiseite stellen.
☺ Brühe durchsieben und beiseite stellen, wenn die Brühe abgekühlt ist, Erdnusspaste dazugeben und umrühren.
☺ Öl oder Butterfett in einem Topf erhitzen ➟ Zwiebeln dazugeben und glasig dünsten ➟ Tomaten untermengen und dünsten, bis die Hälfte der Flüssigkeit verdampft ist ➟ Peperoni dazugeben und dünsten, bis viel Flüssigkeit verdampft ist ➟ abschmecken ➟ Erdnussbrühe und Fleisch dazugeben ➟ ca. 20 Minuten köcheln lassen. Eventuell Wasser dazugeben ➟ mit Salz, Pfeffer und Chilipulver abschmecken und heiß servieren.

✻✻✻✻✻✻✻✻✻✻

Plantainsuppe

Zutaten:

500 g Kochbananen, schälen und in Scheiben schneiden
kleines Stück Yam oder Cassava, schälen und zerkleinern
150 g Fleisch, klein würfeln, waschen und abtropfen lassen
1 kleine Zwiebel, hacken
geriebener Muskat (nach Belieben) oder afrikanischer Muskat
Petersilie und Thymian (nach Belieben)
Salz und Chilipulver

So wird es gemacht:

☺ Alle Zutaten in einen Topf geben ➡ mit Wasser bedecken und kochen lassen, bis die Fleischstücke gar sind ➡ die Kochbananen in der Suppe mit einer Gabel zerdrücken ➡ abschmecken und heiß servieren.

❄❄❄❄❄❄❄❄❄❄❄

Pfeffersuppe mit Yam und Kochbananen

Zutaten:

250 g Lammfleisch, in Würfel schneiden, waschen und abtropfen lassen
2 Kochbananen, schälen und in Scheiben schneiden
250 bis 300 g Yam, schälen, zerkleinern, waschen und abtropfen lassen
1 Zwiebel, hacken
1 kleine Chilischote, Stielansatz entfernen, der Länge nach halbieren, Samen entfernen und fein hacken (siehe Seite 7)
Petersilie, Thymian, Oregano und Majoran (nach Belieben)
1 Bund Zitronengras, zerkleinern
Salz und Pfeffer

So wird es gemacht:

☺ Fleischstücke in einen Topf geben ➟ mit Wasser bedecken und ca. 30 Minuten kochen lassen ➟ alle anderen Zutaten dazugeben ➟ mit Wasser bedecken und zum Kochen bringen ➟ Yam und Kochbananen unter die Fleischstücke heben ➟ abschmecken ➟ ca. 30 Minuten bei mittlerer Hitze kochen lassen, bis die Gemüse und die Fleischstücke gar sind. Eventuell Plantain und Yam mit einer Gabel zerdrücken und heiß servieren.

❄❄❄❄❄❄❄❄❄❄

Hähnchensuppe mit Melonenkernen

Zutaten:

1 Hähnchen, zerlegen, waschen und abtropfen lassen
150 g geröstete und geschälte Melonenkerne, in einen Mörser geben und zerdrücken
1 große Zwiebel, hacken
1 große Tomate, hacken
2 bis 3 lange milde Peperoni, der Länge nach halbieren, Samen entfernen und hacken
1 Bund Petersilie, Blätter waschen und hacken
Thymian, Dill, Majoran und Oregano (nach Belieben)
Salz und Pfeffer
1/4 Tasse Palmöl

So wird es gemacht:

☺ Hähnchenteile in einen Topf geben ➟ mit Wasser bedecken, salzen und pfeffern ➟ gar kochen.

☺ Hähnchenteile mit einem Schaumlöffel aus der Brühe nehmen ➟ Brühe durch ein feines Sieb geben, in einem Topf auffangen und kurz zum Kochen bringen ➟ alle anderen Zutaten (außer Fleisch) dazugeben und köcheln lassen ➟ Hähnchenfleisch zerlegen und in die Suppe geben ➟ 15 bis 20 Minuten köcheln lassen ➟ heiß mit Beilagen servieren.

Beilagen

Plantain-Fufu

Zutaten:

500 g Kochbananen (Plantain), schälen und zerkleinern
500 g Yam, schälen und zerkleinern

So wird es gemacht:

☺ Yam in einen Topf geben ➟ mit Wasser bedecken und fast gar kochen ➟ Plantain dazugeben ➟ kochen lassen, bis das Gemüse sehr gar ist ➟ Gemüse aus dem Topf nehmen (Kochwasser aufbewahren) und in einen Mörser oder Mixer geben und pürieren. Falls das Püree sehr dick ist, etwas Kochwasser dazugeben und zu einem weichen Püree verarbeiten ➟ zu Fleisch-, Suppen oder Fischgerichten servieren.

✿✿✿✿✿✿✿✿✿✿✿

Yam-Fufu (Yampüree)

Zutaten:

500 g Yam- oder Cocoyam
etwas Salz

So wird es gemacht:

☺ Yam schälen, waschen, zerkleinern und in einen Topf geben ➟ mit Wasser bedecken und gar kochen ➟ abschmecken ➟ aus dem Topf nehmen und kurz abkühlen lassen.

☺ Yam in einen Elektromixer geben und pürieren. Falls das Yampüree sehr dick ist, etwas Kochwasser dazugeben ➟ Yampüree zu kleinen Kugeln formen und heiß zu Suppen, Gemüse oder anderen Gerichten servieren.

Vermerk:
Um den Geschmack zu verbessern, eine gekochte Kartoffel zum Yam geben und pürieren.

✿✿✿✿✿✿✿✿✿✿✿

Gekochtes Mehl

Zutaten:

1½ Tassen Yammehl
1½ Tassen Cassavamehl
2½ Tassen Wasser

So wird es gemacht:

☺ Wasser in einem Topf zum Kochen bringen ➟ Kochtemperatur auf mittlere Hitze bringen, dann nach und nach Mehl in das Wasser hineingeben und mit einem Schneebesen ununterbrochen rühren, bis ein weicher Brei entstanden ist ➟ heiß zu Suppen oder Hauptgerichten servieren.

✿✿✿✿✿✿✿✿✿✿✿

Reispudding

Zutaten:

250 g Reis (Sorte nach Belieben)

So wird es gemacht:

☺ Reichlich Wasser zum Kochen bringen, Reis dazugeben und so lange kochen, bis der Reis sehr gar ist ➟ Reis in ein Sieb geben und abtropfen lassen ➟ den noch heißen Reis in eine Schale geben und zu einer Paste pürieren, dann zu kleinen Kugeln formen und heiß zu Suppen oder Hauptgerichten servieren.

✿✿✿✿✿✿✿✿✿✿✿

Variante 2

Zutaten:

250 g Reismehl
ca. 3½ Tassen Wasser
1 Teelöffel Salz

So wird es gemacht:

☺ ca. 3 Tassen Wasser in einem Topf zum Kochen bringen ➟ Mehl und Salz dazugeben und mit einem Schneebesen rühren, dann bei schwacher Hitze köcheln lassen, dabei weiter rühren, damit nichts anbrennt. Falls die Mischung sehr dick ist, Wasser dazugeben und mischen ➟ 10 bis 15 Minuten köcheln lassen ➟ in eine Schale geben und zu Suppen servieren.

✿✿✿✿✿✿✿✿✿✿✿

Yampudding

Zutaten:

250 g Yammehl
2½ Tassen Wasser

So wird es gemacht:

☺ Wasser in einem Topf zum Kochen bringen, dann bei schwacher Hitze köcheln lassen ➟ einen Teil des Mehls nach und nach dazugeben und mit einem Schneebesen ständig rühren. Wenn das Mehl sich aufgelöst hat, das restliche Mehl dazugeben und weiter rühren, bis die Masse dicker wird. Falls der Brei sehr dick ist, etwas Wasser dazugeben.

✿✿✿✿✿✿✿✿✿✿✿

Plantain-Cassava-Püree

Zutaten:

500 g Kochbananen (Plantain), schälen und zerkleinern
500 g Yam, schälen und zerkleinern
Cassavamehl (Garri), zu Pudding verarbeiten (siehe vorheriges Rezept)

So wird es gemacht:

☺ Reichlich Wasser in einem Topf zum Kochen bringen ➟ Kochbananen und Yam dazugeben und gar kochen ➟ in ein Sieb geben und abtropfen lassen, dann in einem Mörser oder einer Elektromaschine zu Püree verarbeiten ➟ Cassavapudding dazugeben und gut mischen. Falls die Mischung sehr dick ist, etwas Wasser dazugeben ➟ zu Suppen servieren.

✿✿✿✿✿✿✿✿✿✿✿

Cassavabällchen

Zutaten:

2 Tassen Cassavamehl
1 Ei, aufschlagen, in eine Schale geben und verrühren
1 Tasse Wasser
3 Esslöffel Zucker
Öl oder Butter, zum Braten

So wird es gemacht:

☺ Wasser in einem Topf zum Kochen bringen ➟ Cassavamehl nach und nach dazugeben und mit einem Schneebesen ständig rühren, bis der Brei dicker wird ➟ Topf vom Herd nehmen ➟ Ei und Zucker dazugeben und gut vermengen.
☺ Öl oder Butter in einer Pfanne erhitzen ➟ Cassavamischung löffelweise in das heiße Öl geben und goldbraun braten.

✿✿✿✿✿✿✿✿✿✿✿

Gedämpftes-Maismehl

Zutaten:

1 reife Kochbanane (Plantain), ca. 150 g, schälen, zerkleinern und pürieren oder zerdrücken
50 g feines Maismehl
Salz, Pfeffer und Chilipulver
ca. 150 ml Wasser
ca. 2 Esslöffel Palmöl
Bananenblätter oder Alufolie

So wird es gemacht:

☺ Mehl, Bananenpüree, Palmöl, Salz, Pfeffer und Chilipulver in eine Schale geben und gut vermengen ➟ nach und nach etwas Wasser dazugeben und zu einem festen Teig kneten.

✳ **Falls Bananenblätter verwendet werden:**

☺ Bananenblätter waschen und trocknen ➟ damit die Blätter weicher werden, über kochendes Wasser stellen ➟ in Viereckform schneiden ➟ 1 bis 2 Esslöffel Teig in die Mitte geben, dann die Seiten umschlagen und zu einem kleinen Kasten formen ➟ die gefüllten Blätter mit Fäden binden (siehe auch Seite 11, Abb. 1).

☺ Gefüllte Blätter in einem Dampfkochtopf dämpfen oder wie folgt dämpfen (siehe Seite 13, Abb. 3):

1 bis 2 Tassen Wasser in einen großen Topf füllen ➟ gefüllte Bananenblätter in ein Sieb geben und über den Topf stellen ➟ Sieb zudecken ➟ Wasser zum Kochen bringen, dann bei mittlerer Hitze ca. 30 Minuten dämpfen, bis der Teig gar ist.

✳ **Falls Alufolie verwendet wird** (siehe Seite 12, Abb. 2):

☺ Alufolie in Vierecke schneiden ➟ mit Öl einreiben, dann 1 bis 2 Esslöffel Teig in die Mitte geben und die Alufolienecken umschlagen und gut verschließen ➟ reichlich Wasser in einen Topf geben und zum Kochen bringen ➟ gefüllte Alufolien in das Wasser geben und bei mittlerer Hitze 25 bis 30 Minuten kochen lassen ➟ aus dem Wasser nehmen ➡ Alufolie aufmachen, den Inhalt auf einen Teller geben und servieren.

✿✿✿✿✿✿✿✿✿✿✿

Gedämpfte Plantain

Zutaten:

1 reife Kochbanane (Plantain), schälen und pürieren
50 g Plantainmehl. Ersatzweise Maismehl
1 Esslöffel gehackte Zwiebel
Salz, Pfeffer und Chilipulver
1 Esslöffel Palmöl
Bananenblätter oder Alufolie

So wird es gemacht:

☺ Plantainmehl, pürierte Banane, Zwiebel, Palmöl und Gewürze in eine Schale geben und gut vermengen ➡ mit etwas Wasser zu einem Teig verarbeiten

✷ **Falls Bananenblätter verwendet werden:**

☺ Bananenblätter waschen und trocknen ➡ damit die Blätter weicher werden, über kochendes Wasser stellen ➡ in Viereckform schneiden ➡ 1 bis 2 Esslöffel Teig in die Mitte geben, dann die Seiten umschlagen und zu einem kleinen Kasten formen ➡ die gefüllten Blätter mit Fäden binden (siehe Seite 11, Abb. 1).

☺ Gefüllte Blätter in einem Dampftopf dämpfen oder wie folgt dämpfen (siehe Seite 13, Abb. 3):

Einen großen Topf mit 1 bis 2 Tassen Wasser füllen ➡ gefüllte Bananenblätter in ein Sieb geben und über den Topf stellen ➡ Sieb zudecken ➡ Wasser zum Kochen bringen, dann bei mittlerer Hitze ca. 30 Minuten dämpfen, bis der Teig gar ist.

✷ **Falls Alufolie verwendet wird** (siehe Seite 12, Abb. 2)**:**

☺ Alufolie in Vierecke schneiden ➡ mit Öl einreiben, dann 1 bis 2 Esslöffel Teig in die Mitte geben und die Alufolienecken umschlagen und gut verschließen ➡ reichlich Wasser in einen Topf geben und zum Kochen bringen ➡

gefüllte Alufolien in das Wasser geben und bei mittlerer Hitze 25 bis 30 Minuten kochen lassen ➟ aus dem Wasser nehmen ➟ Alufolie aufmachen, den Inhalt auf einen Teller geben und servieren.

✿✿✿✿✿✿✿✿✿✿✿

Yambällchen

Zutaten:

250 g Yam, schälen, in Würfel schneiden, waschen und abtropfen lassen
1 Zwiebel, fein hacken
1 kleine Tomate, fein hacken
1 Esslöffel gehackte Petersilie
1/4 Teelöffel getrockneter Koriander
1 Ei, aufschlagen, in eine Schale geben und verrühren
2 Esslöffel Mehl oder Maismehl
Salz, Pfeffer und Chilipulver
Öl, zum Braten

So wird es gemacht:

☺ Yam in einen Topf geben, mit Wasser bedecken und gar kochen ➟ in ein Sieb geben ➟ abtropfen lassen und abkühlen.
☺ Yam in eine Elektroküchenmaschine oder einen Mörser geben und pürieren ➟ alle anderen Zutaten dazugeben und gut vermengen ➟ Yammischung zu kleinen Kugeln formen.
☺ Öl in einer Pfanne erhitzen ➟ Yambällchen dazugeben und goldbraun braten ➟ heiß servieren.

✿✿✿✿✿✿✿✿✿✿✿

Gemüse,- Fleisch- und Geflügelgerichte

Reis-Grundrezept

Zutaten:

2 Tassen Langkornreis, waschen und abtropfen lassen
1 bis 2 Teelöffel Salz

So wird es gemacht:

☺ Reichlich Wasser und Reis in einen Topf geben ➟ salzen und zum Kochen bringen, dann bei schwacher Hitze ca. 15 Minuten köcheln lassen ➟ Reis in ein Sieb geben, abtropfen lassen, dann mit kaltem Wasser abschrecken und abtropfen lassen ➟ Reis wieder in den Topf geben und bei geschlossenem Topf köcheln lassen, bis der Reis gar und trocken ist ➟ heiß zu Hauptgerichten servieren.

✻✻✻✻✻✻✻✻✻✻

Variante 2

Zutaten:

2 Tassen Langkornreis, waschen und abtropfen lassen
4 Tassen Wasser
1 bis 2 Teelöffel Salz

So wird es gemacht:

☺ Reis in einen Topf geben ➟ kaltes Wasser darüber geben ➟ Topf zudecken und zum Kochen bringen, dann bei schwacher Hitze 25 bis 30 Minuten köcheln lassen, bis der Reis gar und trocken ist.

Spinat

Zutaten:

500 g Spinatblätter, grob hacken, waschen und abtropfen lassen
1 Esslöffel Butterfett oder Öl
1 Knoblauchzehe und ca. 3 cm Ingwerwurzel, mit etwas Salz zerdrücken
Salz, Pfeffer und Chilipulver

So wird es gemacht:

☺ Spinat in einen Topf geben ➟ mit Wasser bedecken und gar kochen ➟ in ein Sieb geben und gut abtropfen lassen.
☺ Öl oder Butterfett in einem Topf erhitzen ➟ Knoblauchpaste dazugeben und kurz dünsten ➟ Spinat dazugeben, gut mischen, abschmecken und einige Minuten dünsten ➟ heiß zu Yam oder Reis servieren.

✤✤✤✤✤✤✤✤✤✤

Spinat mit Fleisch und Erdnüssen

Zutaten:

500 g Spinatblätter, waschen, abtropfen lassen und zerkleinern
250 g Fleisch, würfeln, waschen und abtropfen lassen
1 große Zwiebel, hacken
3 Tomaten, hacken
1/2 Tasse geröstete Erdnüsse, in einen Mörser geben und zerdrücken
1 Knoblauchzehe, mit etwas Salz zerdrücken
1 Teelöffel getrockneter Koriander
Salz, Pfeffer und Chilipulver
Palmöl

So wird es gemacht:

☺ Öl in einem Topf erhitzen ➟ Zwiebel, Tomaten, Knoblauchpaste, Koriander, Salz, Pfeffer und Chilipulver dazugeben und dünsten, bis die Zwiebel weich ist ➟ Spinat und Fleischstücke untermengen ➟ Erdnusspaste in 1/2 Tasse Wasser auflösen und dazugeben ➟ Topfinhalt fast mit Wasser bedecken ➟ umrühren ➟ abschmecken und zum Kochen bringen, dann bei schwacher Hitze köcheln lassen, bis die Fleischstücke gar sind und ein Teil der Flüssigkeit verdampft ist ➟ heiß mit Reis oder Gemüse servieren.

✤✤✤✤✤✤✤✤✤✤

Spinat mit Reis

Zutaten:

250 g Spinat, waschen, abtropfen lassen und hacken
300 g Langkornreis, waschen und abtropfen lassen
1/2 Liter Kokosnussmilch (siehe Seite 10)
200 ml Wasser
50 g getrocknetes Krabbenfleisch oder 25 g frische Krabben
1 Zwiebel, hacken
1 kleine Chilischote, Stielansatz entfernen, der Länge nach halbieren, Samen entfernen und fein hacken
2 Knoblauchzehen, mit etwas Salz zerdrücken
1 Esslöffel frischer Thymian, gehackt oder 1 Teelöffel getrockneter Thymian
Salz und Pfeffer
Öl oder Butterfett

So wird es gemacht:

☺ Getrocknetes Krabbenfleisch ca. 1 Stunde in kaltem Wasser einweichen lassen ➟ in ein Sieb geben und abtropfen lassen.

☺ Öl oder Butterfett in einem Topf erhitzen ➟ Zwiebel dazugeben und glasig dünsten ➟ Spinat, Chili und Knoblauchpaste untermengen, dünsten, bis der Spinat weich ist ➟

Thymian, Krabben, Reis, Kokosnussmilch und Wasser darüber geben ➠ umrühren ➠ salzen und pfeffern ➠ Topfdeckel mit einem Geschirrtuch umhüllen und den Topf zudecken ➠ Inhalt kurz zum Kochen bringen, dann bei schwacher Hitze ca. 25 Minuten köcheln lassen, bis der Reis gar und trocken ist ➠ heiß servieren.

✽✽✽✽✽✽✽✽✽✽

Spinat mit Knoblauch

Zutaten:

500 g Spinat, Blätter waschen und abtropfen lassen
250 g Amarant. Falls Amarant nicht zu bekommen ist, Spinat verwenden
4 Knoblauchzehen, mit etwas Salz zerdrücken
2 große Zwiebeln, hacken
einige Schalotten, hacken
1 Bund Lauchzwiebel, hacken
Salz
Pfeffer
Butter oder Butterfett

So wird es gemacht:

☺ Butter oder Butterfett in einem Topf zerlassen ➠ Zwiebeln, Schalotten und Knoblauchpaste dazugeben und glasig dünsten ➠ Lauchzwiebeln untermengen und 2 bis 3 Minuten dünsten ➠ Amarant untermengen und bei geschlossenem Topf 2 bis 3 Minuten garen, dann den Spinat dazugeben und köcheln lassen, bis das Gemüse gar ist ➠ abschmecken ➠ heiß mit Reis servieren.

✽✽✽✽✽✽✽✽✽✽

Kokosnussreis

Zutaten:

250 g Langkornreis, waschen und abtropfen lassen
1 Kokosnuss, daraus Kokosnussmilch herstellen (siehe Seite 10)
1 Zwiebel, hacken
4 Hähnchenkeulen, gar kochen und beiseite stellen. Brühe aufbewahren
3 Tomaten, hacken
1 Esslöffel Tomatenmark
Salz
Pfeffer
Butter und Öl

So wird es gemacht:

☺ Öl in einem Topf erhitzen, die Hähnchenkeulen goldbraun braten und beiseite stellen ➡ den größten Teil des Öls aus dem Topf abgießen.

☺ etwas Butter in den Topf geben und zerlassen ➡ Tomaten und Zwiebel dazugeben und kurz dünsten ➡ ca. 2 Tassen Kokosnussmilch darüber gießen ➡ zum Kochen bringen, dann bei geschlossenem Topf und schwacher Hitze ca. 15 Minuten köcheln lassen ➡ Reis dazugeben und Brühe nachgießen, bis der Flüssigkeitsspiegel ca. 2 Fingerbreit über dem Reis ist ➡ Hähnchenkeulen in Topf geben ➡ Topf zudecken und kurz zum Kochen bringen, dann bei schwacher Hitze köcheln lassen, bis der Reis gar und trocken ist ➡ heiß servieren.

✼✼✼✼✼✼✼✼✼✼✼

Reiscurry

Zutaten:

1 Tasse Langkornreis, waschen und abtropfen lassen, dann wie im Grundrezept auf Seite 55/56 beschrieben gar kochen und heiß halten
1 Zwiebel, hacken
3 Tomaten, hacken
1 Teelöffel Currypulver
1 Esslöffel gehackte Erdnüsse oder Erdnusspaste
1/2 Teelöffel Ingwerpulver
1/2 Teelöffel getrockneter Koriander
1/2 Knoblauchzehe, mit Salz zerdrücken
etwas Maismehl
Salz
Pfeffer
Chilipulver
etwas mehr als 1 Tasse Wasser
Butterfett, Butter oder Öl

So wird es gemacht:

☺ Currypulver, gehackte Erdnüsse, Koriander, Knoblauchpaste, Chilipulver, Salz und Pfeffer in eine Schale geben ➟ etwas Wasser darüber geben und gut vermengen.
☺ Butter, Butterfett oder Öl in einem Topf erhitzen ➟ Zwiebeln dazugeben und glasig dünsten ➟ Gewürzmischung dazugeben und kurz dünsten ➟ Tomaten dazugeben und dünsten, bis viel Flüssigkeit verdampft ist ➟ Wasser darüber gießen und zum Kochen bringen, dann bei schwacher Hitze köcheln lassen, bis der Curry dicker wird. Falls der Curry sehr flüssig ist, mit Maismehl andicken.
☺ Reis auf einen tiefen Teller geben ➟ in die Mitte eine Mulde drücken, Curry in die Mulde geben und heiß servieren.

✤✤✤✤✤✤✤✤✤✤

Jollofreis (einfache Art)

Zutaten:

2 Tassen Langkornreis, waschen und abtropfen lassen
3 bis 4 Tomaten, hacken
2 lange milde Peperoni (rote oder grüne), Stielansätze entfernen, der Länge nach halbieren, Samen entfernen und hacken
1 Zwiebel, hacken
2 Esslöffel Tomatenmark
Salz
4 Tassen Wasser oder Brühe (oder beides)
Öl

So wird es gemacht:

☺ Öl in einem Topf erhitzen ➟ Zwiebeln, Tomaten, Peperoni und etwas Salz dazugeben ➟ gut vermengen und 5 bis 6 Minuten dünsten ➟ Tomatenmark in Wasser oder Brühe auflösen und dazugeben ➟ zum Kochen bringen ➟ Reis und ca. 1 Teelöffel Salz dazugeben und Topf zudecken ➟ Kochtemperatur auf die kleinste Stufe reduzieren, köcheln lassen, bis der Reis gar und trocken ist ➟ heiß zu Gemüse oder Fleischgerichten servieren.

✽✽✽✽✽✽✽✽✽✽

Jollofreis mit Fleisch

Zutaten:

2 Tassen Langkornreis, waschen und abtropfen lassen
250 g Fleisch, in kleine Würfel schneiden, waschen und abtropfen lassen
1 Zwiebel, fein hacken
3 bis 4 Tomaten, hacken
2 lange milde Peperoni, Stielansätze entfernen, der Länge nach halbieren, Samen entfernen und hacken
evtl. 1/4 Chilischote, zerdrücken oder fein hacken
2 Esslöffel Tomatenmark
Salz
Pfeffer
Erdnussöl oder andere Ölsorte

So wird es gemacht:

☺ Fleischstücke in einen Topf geben ➟ mit Wasser bedecken ➟ salzen und gar kochen ➟ aus dem Wasser nehmen und beiseite stellen ➟ Brühe abkühlen lassen und aufbewahren.

☺ Öl in einem Topf erhitzen ➟ Fleischstücke dazugeben und braun braten ➟ Zwiebeln, Tomaten, Chili und Peperoni untermengen und dünsten, bis die Zwiebeln und Peperoni weich sind ➟ Reis dazugeben und gut vermengen ➟ Brühe mit Wasser verdünnen, bis 4 Tassen entstanden sind, dann Tomatenmark in Brühe auflösen und zur Reismischung geben ➟ salzen, Topfdeckel darauf legen und kurz zum Kochen bringen, dann bei schwacher Hitze köcheln lassen, bis der Reis gar und trocken ist ➟ heiß mit Salat servieren.

✺ Jollofreis kann auch mit Hähnchenfleisch vorbereitet werden, dafür verwendet man 1 kg gekochtes oder gebratenes Hähnchenfleisch.

✤✤✤✤✤✤✤✤✤✤

Gefüllte Reisbällchen

Zutaten:

1 kg Reismehl
100 g Hackfleisch
Salz
Pfeffer
Chilipulver
Ingwerpulver
Getrockneter Koriander
Thymian
Alufolie

So wird es gemacht:

☺ Mehl mit Wasser zu einem Teig verarbeiten ➟ Teig zudecken und über Nacht stehen lassen ➟ vor dem Gebrauch kräftig kneten, in gleichmäßige Teile teilen und zu Kugeln formen.

☺ Hackfleisch mit Gewürzen mischen und abschmecken.

☺ Reisteigkugeln flachdrücken ➟ Hackfleischmischung auf die Fladen verteilen, dann die Ecken zusammendrücken und mit beiden Händen zu Kugeln formen ➟ jede gefüllte Kugel gut mit Alufolie umhüllen.

☺ Reichlich Wasser in einen Topf geben und zum Kochen bringen, dann die umhüllten Reiskugeln in das Wasser geben ➟ ca. 30 Minuten kochen lassen ➟ Reiskugeln aus dem Wasser nehmen ➟ Alufolie entfernen und die gefüllten Reiskugeln heiß servieren.

✤✤✤✤✤✤✤✤✤✤

Reis mit Gemüse

Zutaten:

2 Tassen Langkornreis, waschen und abtropfen lassen
2 Tassen Kokosnussmilch (siehe Seite 10)
2 Tassen Wasser
1 Tasse frische Erbsen
1 Zwiebel, hacken
3 bis 4 Tomaten, hacken
2 lange milde Peperoni, Stielansätze entfernen, der Länge nach halbieren, Samen entfernen und hacken
200 g gekochtes Fleisch, in kleine Würfel schneiden
150 g Schinken oder gesalzenes Fleisch , zerkleinern
1/2 Chilischote, Samen entfernen und fein hacken
Schnittlauch, Thymian und Majoran (nach Belieben)
1 Teelöffel Zitronensaft
Salz
Pfeffer
Öl oder Butter

So wird es gemacht:

☺ Fleischstücke in eine Schale geben ➟ Gewürze, Zwiebel, Tomaten und Zitronensaft dazugeben und gut vermengen.
☺ Öl oder Butter in einem Topf erhitzen ➟ Fleischstücke mit deren Zutaten dazugeben und braun braten ➟ Wasser und Kokosnussmilch darüber geben und umrühren ➟ ca. 15 Minuten kochen lassen ➟ Reis und Erbsen dazugeben ➟ gut vermengen ➟ Topf zudecken und bei schwacher Hitze köcheln lassen, bis der Reis gar und trocken ist ➟ heiß servieren.

✾✾✾✾✾✾✾✾✾

Fleisch mit Erdnüssen

Zutaten:

1 kg mageres Fleisch, in feine Streifen schneiden, waschen und abtropfen lassen
125 g Erdnüsse, feine Schalen entfernen, in einen Mörser geben und zerdrücken
1 bis 2 Teelöffel Chilipulver
Salz, Pfeffer, Ingwerpulver und getrockneter Koriander
Erdnussöl

So wird es gemacht:

☺ Alle Zutaten in eine Schüssel geben ➟ gut vermengen und beiseite stellen.
☺ Grill mit Holzkohle vorheizen ➟ Fleisch kurz abtropfen lassen und grillen (oder in einer Pfanne oder im Backofen braten. ➟ heiß mit Brot und Salat servieren.

✽✽✽✽✽✽✽✽✽✽

Fleischcurry

Zutaten:

500 g Fleisch (Sorte nach Belieben), in Würfel schneiden, waschen und abtropfen lassen
2 Zwiebeln, hacken
3 bis 4 Tomaten, hacken
1 Esslöffel Tomatenmark
2 bis 3 lange milde Peperoni, Stielansätze entfernen, der Länge nach halbieren, Samen entfernen und hacken
1 Knoblauchzehe, zerkleinern
3 cm Ingwerwurzel, zerkleinern
1/2 Chilischote, Samen entfernen und zerkleinern
Knoblauch, Chili und Ingwer mit etwas Salz in einen Mörser geben und zerdrücken.
1 bis 2 Teelöffel Currypulver
Salz und Pfeffer
Öl, Butter oder Butterfett

So wird es gemacht:

☺ Öl, Butter oder Butterfett in einem Topf erhitzen ➠ Zwiebeln dazugeben und glasig dünsten ➠ Knoblauchpaste untermengen und kurz dünsten, dann Tomaten und Peperoni dazugeben und dünsten, bis die Hälfte der Flüssigkeit verdampft ist ➠ Fleischstücke dazugeben und umrühren ➠ salzen und pfeffern, dann köcheln lassen, bis die Flüssigkeit fast verdampft ist ➠ Tomatenmark in ca. 2 Tassen Wasser auflösen und darüber geben ➠ umrühren ➠ kurz zum Kochen bringen, dann bei schwacher Hitze köcheln lassen, bis die Fleischstücke gar sind und die Soße dicker wird. Falls die Soße sehr flüssig ist, mit etwas Maismehl andicken ➠ heiß mit Reis oder Gemüse servieren.

✽✽✽✽✽✽✽✽✽✽✽

Kürbis mit Fleisch

Zutaten:

250 g Fleisch, waschen, abtropfen lassen und in kleine Würfel schneiden
500 g Kürbis, schälen und zerkleinern und mit einer Gabel zerdrücken
1 kleine Aubergine, schälen, in kleine Würfel schneiden, mit Salz bestreuen und einige Minuten stehen lassen, dann waschen, in ein Sieb geben und abtropfen lassen, damit die bitteren Säfte austropfen können
1 große Zwiebel, hacken
3 Tomaten, hacken
2 lange milde Peperoni, der Länge nach halbieren, Samen entfernen und zerkleinern
1/4 kleine Chilischote, fein hacken, oder 1/2 Teelöffel Chilipulver
1 Teelöffel getrockneter Koriander
Salz
Pfeffer
Öl

So wird es gemacht:

☺ Öl in einem Topf erhitzen ➟ Zwiebeln dazugeben und glasig dünsten ➟ Fleischstücke untermengen und braten, bis sie Farbe annehmen ➟ Tomaten, Peperoni, Chili, Koriander, Salz und Pfeffer dazugeben ➟ gut vermengen und bei schwacher Hitze köcheln lassen, bis die Fleischstücke gar sind. Zwischendurch etwas Wasser darüber geben, damit nichts anbrennt ➟ heiß mit Reis, Yam oder Cassava servieren.

✻✻✻✻✻✻✻✻✻✻

Schmor- Auberginen mit Erdnüssen

Zutaten:

500 g Fleisch, in Würfel schneiden, waschen und abtropfen lassen
1 Aubergine, schälen, in Würfel schneiden, mit Salz bestreuen und einige Minuten ziehen lassen, dann waschen und in ein Sieb geben, damit die bitteren Säfte austropfen können
2 Tassen geröstete Erdnüsse, feine Schalen entfernen, in einen Mörser geben und zu einer Paste zerdrücken
2 große Tomaten, hacken
2 bis 3 Schalotten, hacken
1 Bund Lauchzwiebeln, hacken
2 lange milde Peperoni, Stielansätze entfernen, der Länge nach halbieren, Samen entfernen und zerkleinern
Salz
Pfeffer
Ingwerpulver
Chilipulver
Öl oder Butter

So wird es gemacht:

☺ Öl oder Butter in einem Topf erhitzen ➟ Fleischstücke dazugeben ➟ salzen und pfeffern ➟ braten, bis die Fleischstücke Farbe annehmen ➟ Schalotten, Lauchzwiebeln, Tomaten, Peperoni, Ingwerpulver und Chilipulver dazugeben ➟ gut vermengen ➟ etwas Wasser darüber geben und köcheln lassen, bis das Fleisch fast gar ist ➟ Erdnusspaste dazugeben und in der Soße auflösen, dann die Auberginenstücke in die Soße geben ➟ köcheln lassen, bis die Auberginen und das Fleisch gar sind und eine dickere Soße entstanden ist. Falls die Soße sehr dick ist, etwas Wasser dazugeben ➟ heiß mit Reis, Yam oder Cassava servieren.

✤✤✤✤✤✤✤✤✤✤

Geschmorte Auberginen

Zutaten:

1 große Aubergine (normale oder afrikanische Aubergine), waschen und abtrocknen
250 g Fleisch, in kleine Würfel schneiden, waschen und abtropfen lassen
250 g getrockneten Fisch, waschen und zerkleinern
2 Zwiebeln, hacken
2 bis 3 Tomaten, hacken
Salz,
Pfeffer
Chilipulver
Palmöl

So wird es gemacht:

☺ Aubergine in einen Topf geben ➟ mit Wasser bedecken und gar kochen ➟ aus dem Wasser nehmen, Stielansatz entfernen ➟ schälen, zerkleinern und beiseite stellen.

☺ Öl in einem Topf erhitzen ➟ Zwiebeln dazugeben und glasig dünsten, dann die Tomaten untermengen ➟ mit Salz, Pfeffer und Chilipulver abschmecken ➟ 2 bis 3 Minuten köcheln lassen ➟ Fleisch und Fischstücke dazugeben ➟ kurz braten ➟ etwas Wasser darüber geben und ca. 10 Minuten kochen lassen, bis die Fleischstücke fast gar sind ➟ zerkleinerte Auberginen unterheben ➟ köcheln lassen, bis die Fleischstücke gar sind. Evtl. Wasser darüber geben ➟ heiß mit Reis, Yam oder Cassava servieren.

✻✻✻✻✻✻✻✻✻✻

Schmorfleisch

Zutaten:

500 g Fleisch, würfeln, waschen und abtropfen lassen
500 g Tomaten, zerkleinern
3 Zwiebeln, hacken
3 bis 4 lange milde Peperoni, Stielansätze entfernen, der Länge nach halbieren, Samen entfernen und hacken
2 Esslöffel Mehl
Salz
Pfeffer
Butter

So wird es gemacht:

☺ Fleisch in einen Topf geben, mit Wasser bedecken und fast gar kochen ➟ aus dem Wasser nehmen und abtropfen lassen.

☺ Butter in einem Topf zerlassen ➟ Fleischstücke dazugeben und braun braten ➟ aus dem Topf nehmen und beiseite stellen.

☺ In den selben Topf etwas Butter dazugeben, Mehl darüber streuen und braun braten ➟ Tomaten, Peperoni und Zwiebeln dazugeben und dünsten ➟ ca. 1 1/2 Tassen Wasser darüber geben ➟ salzen und pfeffern ➟ gut vermengen und kurz zum Kochen bringen, dann bei schwacher Hitze ca. 15 Minuten köcheln lassen ➟ Fleischstücke dazugeben ➟ abschmecken ➟ köcheln lassen, bis die Fleischstücke gar sind ➟ heiß mit Reis oder anderen Gemüsesorten servieren.

Fleisch in Kokosnussmilch

Zutaten:

21/2 Tassen Kokosnussmilch (siehe Seite 10)
500 g Fleisch, in kleine Würfel schneiden, waschen und abtropfen lassen
1 große Zwiebel, hacken
3 Tomaten, hacken
1 Teelöffel Currypulver
Salz und Pfeffer
Öl

So wird es gemacht:

☺ Fleischstücke in einen Topf geben ➟ mit Wasser bedecken, salzen und pfeffern und gar kochen ➟ aus der Brühe nehmen und warm halten.
☺ Öl in einem Topf erhitzen ➟ Zwiebel dazugeben und glasig dünsten ➟ Tomaten dazugeben und dünsten, bis viel Flüssigkeit verdampft ist ➟ Fleischstücke und Kokosnussmilch dazugeben ➟ umrühren ➟ abschmecken und bei schwacher Hitze ca. 30 Minuten köcheln lassen ➟ heiß mit Yam, Cassava oder Reis und Salat servieren.

✽✽✽✽✽✽✽✽✽✽✽

Yam mit Fleisch

Zutaten:

250 g Fleisch, in kleine Würfel schneiden, waschen und abtropfen lassen
500 g Yam, schälen, in Würfel schneiden, waschen und abtropfen lassen
1 Scheibe Schinken, zerkleinern
Thymian, Majoran und Oregano (Menge nach Belieben)
1/2 kleine Chilischote, fein hacken oder zerdrücken
Salz
4 bis 5 Esslöffel Palmöl oder eine andere Ölsorte

So wird es gemacht:

☺ Fleisch und Yam in einen Topf geben ➟ fast mit Wasser bedecken ➟ alle anderen Zutaten (außer Öl) dazugeben ➟ umrühren und zum Kochen bringen, dann bei schwacher Hitze köcheln lassen, bis der Yam und die Fleischstücke gar sind ➟ Palmöl darüber geben ➟ umrühren und abschmecken ➟ heiß servieren.

✻✻✻✻✻✻✻✻✻✻

Fleisch mit Gemüse

Zutaten:

250 g Fleisch, würfeln, waschen und abtropfen lassen
ca. 250 g verschiedene Gemüsesorten (Karotten, Blumenkohl usw.), zerkleinern und waschen
1 große Zwiebel, hacken
3 Tomaten, hacken
2 lange milde Peperoni, Stielansätze entfernen, der Länge nach halbieren, Samen entfernen und hacken
1 Esslöffel Maismehl oder normales Mehl
Salz,
Pfeffer
Chilipulver
Öl oder Butter

So wird es gemacht:

☺ Öl oder Butter in einem Topf erhitzen ➟ Fleischstücke dazugeben und goldbraun braten ➟ aus dem Topf nehmen und beiseite stellen ➟ Zwiebeln in den Topf geben und glasig dünsten ➟ Mehl dazugeben, gut vermengen und kurz braten ➟ Tomaten und Peperoni dazugeben ➟ umrühren und abschmecken ➟ 11/2 Tassen Wasser darüber geben ➟ Fleisch und Gemüse dazugeben ➟ Topf zudecken ➟ kurz zum Kochen bringen, dann bei schwacher Hitze köcheln lassen, bis das Gemüse gar ist ➟ heiß mit Reis servieren.

✻✻✻✻✻✻✻✻✻✻

Fleischbällchen

Zutaten:

250 g Hackfleisch, kochen, in ein Sieb geben und abtropfen lassen
1/2 Tasse gekochte Yam oder Kartoffel
1 Ei, aufschlagen, in eine Schale geben und verrühren
1 kleine Zwiebel, fein hacken
Petersilie, Thymian, Majoran und Oregano (nach Belieben)
Mehl, auf einem Teller verteilen
Paniermehl, auf einem Teller verteilen
Salz
Pfeffer
Öl oder Butter, zum Braten

So wird es gemacht:

☺ Fleisch, Yam oder Kartoffel, Zwiebel und Gewürze in eine Schüssel geben, gut vermengen, abschmecken und zu Kugeln verarbeiten.
☺ Öl oder Butter in einer Pfanne erhitzen ➟ Fleischbällchen in Mehl und Paniermehl wälzen und goldbraun braten ➟ heiß mit Reis und Salat servieren.

✤✤✤✤✤✤✤✤✤✤

Gebackene Schnitzel

Zutaten:

4 Schnitzel, waschen und abtropfen lassen
1 kleine Zwiebel, hacken
1 Knoblauchzehe, mit Salz zerdrücken
Salz
Pfeffer
Öl

So wird es gemacht:

☺ Schnitzel mit Knoblauchpaste, Salz und Pfeffer einreiben ➟ Öl in einer großen Pfanne erhitzen ➟ Zwiebel und Schnitzel dazugeben und braten, bis die Schnitzel braun sind ➟ mit Wasser fast bedecken ➟ Pfanne zudecken und bei schwacher Hitze köcheln lassen, bis die Schnitzel gar sind ➟ heiß mit Reis, Yam oder anderen Gemüsesorten servieren.

✻✻✻✻✻✻✻✻✻✻

Geräuchertes Fleisch mit Yam

Zutaten:

500 g Yam, schälen, würfeln, waschen und abtropfen lassen
250 g geräuchertes Fleisch, eine Stunde in Wasser legen, in Würfel schneiden, waschen und abtropfen lassen
2 Karotten, schaben, waschen und zerkleinern
1/2 kleine Chilischote, zerkleinern
1 Knoblauchzehe, zerkleinern
m Knoblauch und Chili mit etwas Salz in einen Mörser geben und zerdrücken
1 große Zwiebel, hacken
gehackte Petersilie und Schnittlauch (nach Belieben)
1 Teelöffel Zitronensaft

So wird es gemacht:

☺ Fleischstücke in einen Topf geben ➟ mit Wasser fast bedecken und kochen, bis das Fleisch fast gar ist ➟ Zwiebel, Karotten und Yam dazugeben und ca. 20 Minuten köcheln lassen. Evtl. etwas Wasser darüber geben ➟ Gewürze dazugeben ➟ umrühren und einige Minuten kochen lassen ➟ heiß servieren.

✻✻✻✻✻✻✻✻✻✻

Erbsen mit Fleisch

Zutaten:

2 Tassen Erbsen
50 g Fleisch, in kleine Würfel schneiden, waschen und abtropfen lassen
150 g gesalzenes Fleisch, kurz waschen und abtropfen lassen
1/2 Tasse Maismehl
4 Schalotten, hacken
Petersilie (Menge nach Belieben)
Getrockneter Koriander (Menge nach Belieben)
Thymian (Menge nach Belieben)
Majoran (Menge nach Belieben)
Salz
Pfeffer
Butter

So wird es gemacht:

☺ ca. 2 Tassen Wasser in einen Topf geben ➟ Fleischstücke dazugeben und gar kochen ➟ Erbsen und Gewürze dazugeben, kochen lassen, bis die Erbsen gar sind ➟ Fleisch und Erbsen mit einem Schaumlöffel aus der Brühe nehmen und beiseite stellen. Brühe aufbewahren.

☺ Maismehl nach und nach bei schwacher Hitze zu der Brühe geben und ständig rühren, bis alles Mehl aufgelöst ist ➟ ca. 10 Minuten köcheln lassen. Zwischendurch umrühren, damit nichts anbrennt ➟ Fleisch, Erbsen, Schalotten, Salz und Pfeffer dazugeben ➟ gut vermengen und ca. 20 Minuten köcheln lassen, bis die Soße dicker wird ➟ 2 Esslöffel Butter dazugeben ➟ umrühren und 3 bis 4 Minuten ziehen lassen ➟ auf einen Servierteller geben ➟ heiß mit Yam servieren.

✾✾✾✾✾✾✾✾✾✾

Mais mit Fleisch

Zutaten:

3 Maiskolben, Maiskörner ablösen, waschen und abtropfen lassen
500 g Fleisch, in kleine Würfel schneiden, waschen und abtropfen lassen
1 große Zwiebel, hacken
4 Tomaten, hacken
1 bis 2 Esslöffel gehackte Petersilie
Salz, Pfeffer und Chilipulver
Butter oder Öl

So wird es gemacht:

☺ Mais in einen Topf geben ➟ mit Wasser bedecken und ca. 25 Minuten kochen, bis der Mais gar ist ➟ in ein Sieb geben und abtropfen lassen.
☺ Butter oder Öl in einem Topf erhitzen ➟ Zwiebeln dazugeben und braun braten ➟ Fleischwürfel dazugeben und braten, bis sie Farbe annehmen ➟ Tomaten und Petersilie dazugeben und gut vermengen ➟ kurz dünsten, mit Wasser fast bedecken ➟ mit Salz, Pfeffer und Chilipulver abschmecken und zum Kochen bringen, dann bei schwacher Hitze köcheln lassen ➟ Mais untermengen ➟ köcheln lassen, bis die Fleischstücke gar sind ➟ heiß mit Reis und Salat servieren.

✤✤✤✤✤✤✤✤✤✤

Gebratene Plantain

Zutaten:

500 g Kochbananen, schälen und mit einer Gabel pürieren
250 g Mehl, mit Wasser zu einem weichen Teig verarbeiten
1 große Zwiebel, fein hacken
2 lange milde Peperoni, der Länge nach halbieren, Samen entfernen und fein hacken
Salz und Pfeffer

Öl

So wird es gemacht:

☺ Bananenpüree, Zwiebel, Peperoni, Salz und Pfeffer in eine Schüssel geben und gut vermengen ➟ Teig dazugeben und gut vermengen. Falls die Mischung sehr dick ist, mit Wasser verdünnen.

☺ Öl in einer Pfanne erhitzen ➟ Teigmischung löffelweise in das Öl geben und goldbraun braten ➟ heiß servieren.

✤✤✤✤✤✤✤✤✤✤

Plantain mit Fleisch

Zutaten:

250 g Kochbananen, schälen und in Scheiben schneiden
250 g Fleisch, in Würfel schneiden, waschen und abtropfen lassen
Salz, Pfeffer und Chilipulver
50 ml Palmöl

So wird es gemacht:

☺ Kochbananen und Fleischstücke in einen Topf geben ➟ fast mit Wasser bedecken ➟ mit Salz, Pfeffer und Chilipulver abschmecken ➟ kochen lassen, bis das Gemüse und die Fleischstücke sehr gar sind ➟ Fleischstücke aus dem Topf nehmen und warm halten ➟ Kochbananen mit einer Gabel pürieren ➟ Palmöl dazugeben und gut vermengen ➟ auf einen Servierteller geben ➟ Fleisch darauf häufen und heiß servieren.

✤✤✤✤✤✤✤✤✤✤

Hähnchen Jollof

Zutaten:

2 Tassen Langkornreis, waschen und abtropfen lassen
1 kg Hähnchenfleisch, zerkleinern, waschen und ab-

tropfen lassen
1 große Zwiebel, hacken
250 g Tomaten, hacken
2 bis 3 lange milde Peperoni, Stielansätze entfernen, der Länge nach halbieren, Samen entfernen und hacken
1 Bund Thymian, hacken (oder 1 Esslöffel getrockneter Thymian)
1/2 Bund Petersilie, Blätter waschen und hacken
1 kleine Chilischote, Stielansatz entfernen, der Länge nach halbieren, Samen entfernen und fein hacken
1 kleine Knoblauchzehe und ca. 2 cm Ingwerwurzel, mit etwas Salz in einen Mörser geben und zerdrücken
1 Esslöffel Krabbenpulver. Ersatzweise eine Handvoll Krabbenfleisch, fein hacken
Salz
Pfeffer
Palmöl

So wird es gemacht:

☺ Hähnchenfleisch in eine Schale geben ➟ Knoblauchpaste, Thymian, Petersilie, Chili, Salz und Pfeffer darüber geben ➟ gut vermengen und beiseite stellen.

☺ Palmöl in einem Topf erhitzen ➟ Zwiebel dazugeben und glasig dünsten ➟ Tomaten und Peperoni dazugeben, salzen und pfeffern und dünsten, bis viel Flüssigkeit verdampft ist ➟ eingelegtes Hähnchenfleisch mit Gewürzen dazugeben und einige Minuten braten ➟ 2 Tassen Wasser darüber geben ➟ Krabbenpulver dazugeben und verrühren ➟ kurz zum Kochen bringen, dann bei schwacher Hitze ca. 15 Minuten köcheln lassen ➟ Reis dazugeben ➟ umrühren und kaltes Wasser darüber geben, bis das Wasser ca. 2 Finger breit über dem Topfinhalt steht ➟ kurz zum Kochen bringen ➟ Topf zudecken und bei schwacher Hitze köcheln lassen, bis der Reis gar und trocken ist ➟ heiß mit Salat servieren.

✤✤✤✤✤✤✤✤✤✤

Hähnchen mit Nüssen

Zutaten:

4 Hähnchenkeulen, waschen und abtropfen lassen
3 Esslöffel Erdnüsse, feine Schalen entfernen und zerdrücken
1 Esslöffel Erdnussbutter
1 Esslöffel Kokosnusspaste (siehe Seite 10)
1 Knoblauchzehe und ca. 3 cm Ingwerwurzel, mit etwas Salz in einen Mörser geben und zerdrücken
1 Esslöffel Zitronensaft
3 Lauchzwiebeln, fein hacken
2 Esslöffel gehackte Petersilie
je 1 Teelöffel getrockneter Thymian und Currypulver
Öl
Salz
Pfeffer
Chilipulver

So wird es gemacht:

☺ 2 bis 3 Esslöffel Öl in eine Schale geben ➟ Knoblauchpaste, Petersilie, Lauchzwiebeln, Thymian, Currypulver, Salz, Pfeffer und Chilipulver dazugeben und zu einer Marinade verarbeiten.

☺ Tiefe Schnitte in die Hähnchenkeulen schneiden ➟ mit Zitronensaft einreiben und in die Marinade geben ➟ wälzen und ca. 1 Stunde stehen lassen.

☺ Backofen auf 200°C vorheizen.

☺ Hähnchenkeulen mit Marinade in eine Auflaufform geben ➟ Kokosnusspaste in ca. 1/2 Tasse kochendem Wasser auflösen ➟ zerdrückte Erdnüsse und Erdnusspaste dazugeben und auflösen ➟ über die Keulen geben ➟ Auflaufform zudecken und ca. 1 Stunde im Backofen backen ➟ Deckel abnehmen und 15 bis 20 Minuten backen, bis die Keulen knusprig sind ➟ heiß mit Reis oder Gemüse servieren.

✻✻✻✻✻✻✻✻✻✻

Schmorhähnchen

Zutaten:

1 Hähnchen, zerlegen, waschen und abtropfen lassen
2 Zwiebeln, hacken
2 Knoblauchzehen, hacken
2 Esslöffel Tomatenmark
1 Esslöffel Zitronensaft
Salz, Pfeffer und Chilipulver
Öl oder Butter

So wird es gemacht:

☺ Hähnchenteile mit Zitronensaft, Salz, Pfeffer und Chilipulver einreiben und ca. 30 Minuten ziehen lassen.
☺ Öl oder Butter in einem Topf erhitzen ➡ Zwiebeln und Knoblauch dazugeben und glasig dünsten ➡ aus dem Topf nehmen und beiseite stellen ➡ Hähnchenteile in das heiße Öl oder in die Butter geben und knusprig braten ➡ Tomatenmark in 2 Tassen Wasser auflösen und darüber geben ➡ gedünstete Zwiebeln dazugeben ➡ umrühren ➡ Topf zudecken und bei schwacher Hitze 45 Minuten köcheln lassen ➡ heiß mit Reis servieren.

✤✤✤✤✤✤✤✤✤✤

Hähnchen mit Ananas

Zutaten:

1 großes Hähnchen, waschen und abtropfen lassen
Salz, Pfeffer und Chilipulver
Öl

Zutaten für die Füllung:

1 Ananas, schälen, teilweise in Ringe schneiden, den Rest in kleine Stücke schneiden
2 bis 3 lange milde Peperoni, Stielansätze entfernen, der Länge nach halbieren, Samen entfernen und hacken

1 Esslöffel geriebene Walnuss
Zitronensaft
geriebene Zitronen- oder Orangenschale
Butter

So wird es gemacht:

☺ Hähnchen von innen und außen mit Salz, Pfeffer, Chilipulver und Öl einreiben.

☺ Backofen auf 200°C vorheizen.

☺ Butter in einem Topf oder einer Pfanne zerlassen ➠ Walnuss, geriebene Zitronenschale, Peperoni und etwas Zitronensaft dazugeben und dünsten, bis die Peperoni weich sind ➠ Ananaswürfel dazugeben und kurz dünsten ➠ vom Herd nehmen und in das Hähnchen füllen.

☺ Hähnchen auf ein Backblech oder in eine Auflaufform geben, in den Backofen schieben und goldbraun backen ➠ 5 bis 7 Minuten vor dem Servieren, Ananasscheiben um das Hähnchen herum verteilen und backen ➠ heiß mit Reis oder Gemüse servieren.

✤✤✤✤✤✤✤✤✤✤

Geröstete Ente

Zutaten:

1 Ente, waschen und abtropfen lassen
250 g Yam, schälen, in Würfel schneiden und waschen
1 Zwiebel, hacken
Salz, Pfeffer und Chilipulver
Butter oder Öl

So wird es gemacht:

☺ Backofen auf ca. 200°C vorheizen.

☺ Ente mit etwas Öl, Salz, Pfeffer und Chilipulver von außen und innen einreiben.

☺ Yam in einen Topf geben ➠ mit Wasser bedecken und gar kochen ➠ in ein Sieb geben und abtropfen lassen, dann mit einer Gabel pürieren.

☺ Butter oder Öl in einer Pfanne erhitzen ➟ Zwiebel dazugeben und glasig dünsten ➟ Yampüree dazugeben und gut vermengen ➟ mit Salz, Pfeffer und Chilipulver abschmecken ➟ kurz erhitzen ➟ vom Herd nehmen und abkühlen lassen.
☺ Ente mit Yammischung füllen, in den Backofen schieben und knusprig braten ➟ heiß mit Reis servieren.

✽✽✽✽✽✽✽✽✽✽

Plantain mit Hähnchen

Zutaten:

1 Hähnchen, zerlegen, waschen und abtropfen lassen
4 bis 5 Kochbananen, schälen
1/2 Tasse Mehl
3 Tomaten, hacken
1 Zwiebel, hacken
5 Esslöffel Butterfett
Bananenblätter oder Alufolie
Currypulver, Menge nach Geschmack
Salz und Pfeffer

So wird es gemacht:

☺ Plantain halbieren ➟ in Bananenblätter oder Alufolie wickeln und dämpfen (siehe Seite 11 und 12).
☺ Butterfett in einer großen Pfanne erhitzen ➟ Hähnchenteile salzen und pfeffern, in Mehl wälzen und goldbraun braten ➟ aus der Pfanne nehmen und warm halten.
☺ Zwiebel in dem heißen Butterfett glasig dünsten, salzen und pfeffern ➟ Tomaten dazugeben und dünsten, bis ein Teil der Flüssigkeit verdampft ist ➟ Hähnchenteile in die Mischung geben ➟ Currypulver darüber streuen ➟ 2 Tassen Wasser darüber geben, Pfanne zudecken und bei schwacher Hitze ca. 30 Minuten garen.
☺ Gedämpfte Plantain aus der Alufolie oder den Bananenblätter entfernen und pürieren ➟ über die Hähnchenteile geben ➟ Pfanne zudecken und bei schwacher Hitze ca. 30 Minuten köcheln lassen ➟ sehr heiß servieren.

Hähnchen in Erdnusssoße

Zutaten:

1 Hähnchen, zerlegen, waschen und abtropfen lassen
3½ Tassen geröstete Erdnüsse, feine Schalen entfernen
1 große Zwiebel, hacken
Currypulver, Menge nach Geschmack
Salz
Pfeffer
Öl

So wird es gemacht:

☺ Hähnchenteile in einen Topf geben ➟ mit Wasser bedecken ➟ salzen und pfeffern und gar kochen ➟ Hähnchenteile aus der Brühe nehmen und warm halten ➟ Brühe durch ein Sieb geben und beiseite stellen.

☺ Erdnüsse in einen Mörser geben und zu einer Paste zerdrücken.

☺ etwas Öl in einem Topf erhitzen ➟ Zwiebel dazugeben und glasig dünsten ➟ mit Salz, Pfeffer und Chilipulver abschmecken ➟ Erdnusspaste und 1 Tasse Brühe darüber geben und gut vermengen ➟ kurz zum Kochen bringen, dann bei schwacher Hitze köcheln lassen ➟ Hähnchenteile in die Soße geben. Falls die Soße sehr dickflüssig ist, mit Brühe verdünnen ➟ abschmecken und ca. 10 Minuten köcheln lassen ➟ heiß mit Reis oder Gemüsegerichten servieren.

✻✻✻✻✻✻✻✻✻✻

Fischgerichte

Geräucherter Fisch mit Plantain

Zutaten:

1 großer geräucherter Fisch, waschen, abtropfen lassen und zerlegen
2 reife Kochbananen (Plantain), schälen und halbieren
je 1/2 Teelöffel Ingwerpulver und Pfeffer
Salz
Palmöl

So wird es gemacht:

☺ Kochbananen in einen Topf geben ➠ Wasser darüber geben und gar kochen ➠ aus dem Wasser nehmen und pürieren ➠ abschmecken ➠ Fisch dazugeben und gut vermengen ➠ 3 bis 4 Esslöffel Palmöl dazugeben ➠ rühren und einige Minuten köcheln lassen. Falls die Mischung sehr dick ist, etwas Wasser darüber geben ➠ heiß servieren.

☆☆☆☆☆☆☆☆☆☆☆

Fisch mit Tomatensoße

Zutaten:

4 Heringe, waschen und abtropfen lassen
4 Tomaten, hacken
3 Zwiebeln, hacken
Mehl
Currypulver, Menge nach Geschmack
Salz, und Pfeffer
Öl

So wird es gemacht:

☺ Öl in einem Topf erhitzen ➟ Zwiebeln dazugeben und glasig dünsten ➟ Tomaten dazugeben, abschmecken und köcheln lassen, bis ein Teil der Flüssigkeit verdampft ist.
☺ Fische salzen und pfeffern ➟ in Mehl wälzen und braten ➟ auf Servierteller geben ➟ Soße darüber geben und servieren.

☆☆☆☆☆☆☆☆☆☆☆

Gekochter Fisch

Zutaten:

500 g Fisch oder Fischfilets, in große Stücke schneiden, waschen und abtropfen lassen
4 Tomaten, hacken
1 große Zwiebel, hacken
2 lange milde Peperoni, Stielansätze entfernen, der Länge nach halbieren, Samen entfernen und hacken
ca. 1 Esslöffel Mehl
Chilipulver, Menge nach Geschmack
Salz
Pfeffer
1 Tasse Palmöl

So wird es gemacht:

☺ Öl in einem Topf erhitzen ➟ Zwiebeln und Peperoni dazugeben und glasig dünsten ➟ Tomaten dazugeben ➟ mit Salz, Pfeffer und Chilipulver abschmecken ➟ dünsten, bis ein Teil der Flüssigkeit verdampft ist ➟ Mehl in ca. 1 Tasse Wasser auflösen, zu der Soße geben und einige Minuten köcheln lassen ➟ Fischstücke in die Soße tauchen ➟ köcheln lassen, bis die Fischstücke gar sind ➟ heiß mit Reis servieren.

☆☆☆☆☆☆☆☆☆☆☆

Variante 2

Zutaten:

1 kg großer Fisch (Sorte nach Belieben), in dicke Stücke schneiden, waschen, abtropfen lassen, salzen und pfeffern
1 große Zwiebel, in Streifen schneiden
1 Esslöffel Mehl
Salz und Pfeffer
Butter und Öl

So wird es gemacht:

☺ Öl in einer großen Pfanne erhitzen ➟ Fischstücke dazugeben und braten ➟ aus der Pfanne nehmen und warm halten ➟ das Bratöl abgießen ➟ 1 Esslöffel Butter dazugeben und zerlassen ➟ Zwiebelstreifen dazugeben und dünsten, bis sie Farbe annehmen ➟ Mehl dazugeben und gut vermengen ➟ braten, bis das Mehl braun wird ➟ nach und nach etwas Wasser dazugeben, mit einem Schneebesen rühren, bis eine dickere Soße entstanden ist ➟ salzen und pfeffern ➟ Fischstücke in die Soße geben ➟ Herdtemperatur auf schwache Hitze stellen ➟ Pfanne zudecken ➟ köcheln lassen, bis die Fischstücke gar sind ➟ heiß mit Reis, Gemüse oder Brot und Salat servieren.

☆☆☆☆☆☆☆☆☆☆☆

Gebratener Ingwerfisch

Zutaten:

1 kg Fische (Sorte nach Belieben), zerkleinern, waschen und abtropfen lassen
1 Esslöffel Ingwerpulver
3 cm Ingwerwurzel, mit etwas Salz zerdrücken
1 große Zwiebel, fein hacken
Chilipulver, Menge nach Geschmack
Salz und Pfeffer
Öl, zum Braten

So wird es gemacht:

☺ Zwiebel und Gewürze in eine große Schale geben ➟ etwas Öl darüber geben und gut vermengen ➟ Fischstücke dazugeben ➟ in der Marinade wälzen und ca. 30 Minuten stehen lassen.
☺ Öl in einer Pfanne erhitzen ➟ Fischstücke dazugeben und goldbraun braten ➟ auf einen Teller geben ➟ die Marinade in das heiße Öl geben und dünsten ➟ die gedünstete Zwiebel mit einem Schaumlöffel aus dem Öl nehmen und über die Fischstücke geben ➟ heiß mit Reis oder Yam servieren.

☆☆☆☆☆☆☆☆☆☆☆

Fisch mit Gemüse und Fleisch

Zutaten:

500 g Fleisch, in Würfel schneiden, waschen und abtropfen lassen
250 g getrockneter Fisch, waschen und zerkleinern
1 afrikanische Aubergine oder 1 kleine normale Aubergine, in Würfel schneiden, mit Salz bestreuen, einige Minuten stehen lassen, waschen und abtropfen lassen, damit die bitteren Säfte austropfen können
100 g Okra, Stielansätze kegelförmig abschneiden, waschen, abtropfen lassen und zerkleinern
1 große Zwiebel, in Streifen schneiden
1/2 Chilischote, fein hacken
50 g Erdnüsse, feine Schalen entfernen und zerdrücken, oder 2 Esslöffel Erdnusspaste
1 Esslöffel Tomatenmark
Salz
Pfeffer
1 Tasse Brühe
1/4 Tasse Palmöl

So wird es gemacht:

☺ Fleischstücke in einen Topf geben ➟ mit Wasser bedecken ➟ salzen und pfeffern und ca. 15 Minuten kochen lassen ➟ Tomatenmark in der Brühe auflösen und zum Fleisch geben, dann die Zwiebel, Chili und Öl dazugeben ➟ umrühren und 10 Minuten kochen lassen ➟ Auberginen und Erdnusspaste untermengen und ca. 15 Minuten köcheln lassen ➟ Okra und Fischstücke dazugeben und ca. 10 Minuten köcheln lassen ➟ abschmecken ➟ heiß mit Reis oder Yampüree servieren.

☆☆☆☆☆☆☆☆☆☆☆

Variante 2

Zutaten:

250 g Fisch, in Stücke schneiden, waschen und abtropfen lassen
150 g verschiedene Fleischsorten, würfeln, waschen und abtropfen lassen
1 Zwiebel, hacken
2 Tomaten, hacken
je 100 g Yam, Cassava und Kürbis, in Würfel schneiden
350 g Kochbananen, schälen und in Scheiben schneiden
Eine Handvoll Okra, Stielansätze kegelförmig abschneiden, waschen, abtropfen lassen und zerkleinern
gehackte Petersilie und Thymian (nach Belieben)
1/4 Chilischote, fein hacken oder zerdrücken
Salz
Pfeffer
1 Tasse Kokosnussmilch (siehe Seite 10)
Butter oder Öl

So wird es gemacht:

☺ Butter oder Öl in einem Topf erhitzen ➟ Fleisch dazugeben und braten, bis die Würfel Farbe annehmen ➟ fast mit

Wasser bedecken, zum Kochen bringen, dann bei schwacher Hitze 10 Minuten köcheln lassen ➟ Topf vom Herd nehmen.

☺ Kochbananen, Cassava und Yam über das Fleisch verteilen ➟ Petersilie, Thymian, Chili, Salz und Pfeffer darüber geben ➟ Fischstücke darauf verteilen ➟ Kokosnussmilch darüber geben ➟ auf die Herdplatte stellen und ca. 25 Minuten köcheln lassen ➟ Kürbis und Okra darauf verteilen ➟ Topf zudecken und 10 Minuten köcheln lassen, bis das Gemüse gar ist ➟ heiß mit Reis servieren.

☆☆☆☆☆☆☆☆☆☆☆

Yam mit Fisch

Zutaten:

1 kg Yam, schälen, waschen und würfeln
ca. 200 g geräucherter Fisch, zerkleinern
2 Zwiebeln, hacken
3 Tomaten, hacken
® Tomaten und 1 gehackte Zwiebel in einen Elektromixer geben und pürieren
1 kleine Dose Tomatenmark, in ca. 1/2 Tasse Wasser oder Brühe auflösen
2 lange milde Peperoni, Stielansätze entfernen, der Länge nach halbieren, Samen entfernen und hacken
je 1/2 Teelöffel Chilipulver und Ingwerpulver
1 Esslöffel getrocknete Krabben oder Langustenpulver
Salz
4 bis 5 Esslöffel Erdnussöl oder eine andere Ölsorte

So wird es gemacht:

☺ Yam, Peperoni, ein Esslöffel Öl und Zwiebeln in einen Topf geben ➟ ca. 2 Tassen Wasser darüber geben ➟ salzen und fast gar kochen, dann bei schwacher Hitze köcheln lassen ➟ Tomatenpüree, Tomatenmark, Chilipulver, Ingwerpulver und das restliche Öl dazugeben und gut vermengen ➟ Topf zudecken ➟ köcheln lassen, bis der Yam gar ist ➟ Fischstücke und Krabbenpulver unterheben ➟ Topf zudecken und

5 Minuten köcheln lassen. Falls die Soße sehr dickflüssig ist, etwas Wasser dazugeben ➟ heiß servieren.

Fisch mit Cassava

Zutaten:

500 g Cassava, schälen, in Würfel schneiden, waschen und abtropfen lassen (siehe Vermerk Seite
500 g gesalzene Fische)

So wird es gemacht:

☺ Cassava in einen Topf geben ➟ mit Wasser bedecken und fast gar kochen ➟ einen Teil des Wassers abgießen ➟ Fische auf die Cassava geben ➟ Topf zudecken und bei schwacher Hitze köcheln lassen, bis die Cassava gar sind ➟ heiß servieren.

☆☆☆☆☆☆☆☆☆☆☆

Fisch mit Blattgemüse

Zutaten:

500 g Stockfisch, zerkleinern, waschen und abtropfen lassen
1 kleiner geräucherter Fisch, zerkleinern
100 g Krabbenfleisch
50 g Langusten oder Krabbenpulver
200 g verschiedene Sorten Fleisch, kleine Würfel schneiden, waschen und abtropfen lassen
250 g Brunnenkresse, waschen und abtropfen lassen
100 g zarte Kürbisblätter, zerkleinern, waschen und abtropfen lassen

® Man kann Kürbisblätter beim Gemüsehändler bestellen. Falls sie nicht zu bekommen sind, verwenden Sie Brunnenkresse oder anderes Blattgemüse statt Kürbisblätter

1 Zwiebel, hacken
2 Esslöffel gehackte Petersilie
Salz und Pfeffer
1/2 Tasse Palmöl oder eine andere Ölsorte

So wird es gemacht:

☺ Fleischstücke in einen Topf geben ➟ Zwiebel, Salz und Pfeffer dazugeben ➟ 1 Tasse Wasser darüber geben und zum Kochen bringen, dann bei mittlerer Hitze 10 bis 15 Minuten kochen lassen, bis die Fleischstücke fast gar sind ➟ Fischstücke und Krabben dazugeben und 5 Minuten kochen lassen ➟ Brunnenkresse unterheben und ca. 5 Minuten dünsten, dann das andere Gemüse dazugeben und weitere 5 Minuten dünsten. Evtl. Wasser darüber geben ➟ abschmecken ➟ Palmöl dazugeben ➟ gut vermengen und köcheln lassen, bis das Gemüse gar ist ➟ heiß mit Cassava, Yam oder Reis servieren.

☆☆☆☆☆☆☆☆☆☆☆☆

Fisch mit Gemüse

Zutaten:

500 g Yam, schälen, würfeln, waschen und abtropfen lassen
Eine Handvoll frische Erbsen
1 Zwiebel, hacken
2 lange milde Peperoni, Stielansätze entfernen, der Länge nach halbieren, Samen entfernen und hacken
ca. 100 g Krabbenfleisch
1 geräucherter Fisch (ca. 100 g), zerkleinern
25 g Langustenpulver (falls erhältlich)
1 Tasse Palmöl
Salz
Chilipulver

So wird es gemacht:

☺ Etwas Öl in einem Topf erhitzen ➟ Zwiebel und Peperoni dazugeben und glasig dünsten ➟ Yam dazugeben und mit Wasser bedecken ➟ das restliche Öl darüber geben und gut vermengen ➟ alle anderen Zutaten dazugeben ➟ umrühren ➟ kurz zum Kochen bringen, dann bei schwacher Hitze köcheln lassen, bis der Yam gar ist ➟ heiß servieren.

☆☆☆☆☆☆☆☆☆☆☆☆

Yam mit Fisch und Schnecken

Zutaten:

500 g Yam, schälen, in kleine Streifen schneiden, waschen und abtropfen lassen
1/2 kleine Chilischote, Samen entfernen und fein hacken
150 g Fisch oder Fischfilets, zerkleinern, waschen und abtropfen lassen
200 g geschälte Schnecken (verschiedene Sorten)
25 g Krabben-, Krebs- oder Langustenfleisch
Zitronensaft
Salz
Pfeffer

So wird es gemacht:

☺ Etwas Wasser und Zitronensaft in einen Topf geben und zum Kochen bringen ➟ Fischstücke, Schnecken, Krebsfleisch und Chili dazugeben und ca. 5 Minuten kochen lassen ➟ salzen und pfeffern ➟ Yam unterheben und ca. 10 Minuten kochen lassen. Eventuell etwas Wasser darüber geben ➟ abschmecken und servieren.

☆☆☆☆☆☆☆☆☆☆☆☆

Plantain mit Tapioka und Krebs

Zutaten:

250 g reife Kochbananen (Plantain), schälen und zerkleinern
100 g frische oder getrocknete Tapioka (Sago aus Maniokwurzel)
1 Teelöffel Limettensaft
1/4 Chilischote, fein hacken
50 g Krebs- oder Langustenfleisch
Salz
Pfeffer
75 ml Palmöl

So wird es gemacht:

☺ Kochbananen, Limettensaft, Chili und Sago in einen Topf geben ➟ etwas Wasser dazugeben und ca. 10 Minuten kochen lassen ➟ abschmecken ➟ weiter kochen, bis der Inhalt gar ist ➟ Topf vom Herd nehmen ➟ Mischung kurz abkühlen lassen, in einen Elektromixer geben und pürieren.
☺ Püree mit Krebsfleisch gut vermengen ➟ Öl dazugeben ➟ salzen und pfeffern ➟ gut vermengen und in eine Pfanne geben ➟ kurz erhitzen und mit getrocknetem Fisch servieren.

☆☆☆☆☆☆☆☆☆☆☆☆

Fisch mit Johannisbrotbohnen

Zutaten:

500 g frische Fische, in große Stücke schneiden, waschen und abtropfen lassen
50 g getrocknete Krebse oder Krabbenfleisch
1 Teelöffel Johannisbrotbohnen, zerdrücken
1 große Zwiebel, hacken
4 Tomaten, hacken
Salz und Chilipulver
3 Esslöffel Palmöl

So wird es gemacht:

☺ Krabben,- oder Krebsfleisch, Tomaten, Zwiebel, Salz, Chilipulver und Johannisbrotbohnen in einen Elektromixer geben und pürieren.
☺ ca. 11/2 Tassen Wasser in einen Topf geben ➟ Püree und Palmöl dazugeben ➟ umrühren und abschmecken ➟ ca. 15 Minuten köcheln lassen, dann die Fischstücke dazugeben ➟ köcheln lassen, bis die Fischstücke gar sind. Evtl. etwas Wasser darüber geben ➟ heiß mit Yam oder Reis servieren.

☆☆☆☆☆☆☆☆☆☆☆

Salzfisch mit Hähnchenfleisch

Zutaten:

1 Salzfisch (ca. 100 g), einige Stunden in Wasser einlegen, einige Male waschen und abtropfen lassen
200 g Hähnchenfleisch, in kleine Würfel schneiden
1 Zwiebel, in Streifen schneiden
3 lange milde Peperoni, Stielansätze entfernen, der Länge nach halbieren, Samen entfernen und zerkleinern
1 große Knoblauchzehe, mit etwas Salz zerdrücken
1/4 Chilischote, zerdrücken oder fein hacken
1/2 Teelöffel Fünfgewürze (die Mischung besteht aus Zimt, Anis, Fenchel, schwarzem Pfeffer und Nelken)
Öl
Salz und Pfeffer

So wird es gemacht:

☺ Fisch in einen Topf geben ➟ kochen lassen ➟ aus dem Wasser nehmen ➟ zerlegen und das Fleisch beiseite stellen.
☺ Öl in einer Pfanne erhitzen ➟ Zwiebel, Knoblauch und Peperoni dazugeben und ca. 5 Minuten dünsten ➟ alle anderen Zutaten dazugeben ➟ gut vermengen und 6 bis 7 Minuten köcheln lassen ➟ heiß über gekochten Reis geben und servieren.

☆☆☆☆☆☆☆☆☆☆☆

Salzfisch mit Yam

Zutaten:

250 g Yam, schälen, in Scheiben schneiden, waschen und abtropfen lassen
250 g gesalzener Fisch, einige Stunden in Wasser einlegen, mit klarem Wasser waschen und zerkleinern
250 g Zwiebeln, in Streifen schneiden
2 Tomaten, zerkleinern
2 lange milde Peperoni, Stielansätze entfernen, der Länge nach halbieren, Samen entfernen und zerkleinern
100 ml Milch
Butter oder Öl

So wird es gemacht:

☺ Yam fast gar kochen, in ein Sieb geben und abtropfen lassen.
☺ Fisch ca. 5 Minuten kochen lassen ➡ aus dem Wasser nehmen und zerlegen.
☺ Öl oder Butter in einem Topf erhitzen ➡ Zwiebeln, Peperoni und Tomaten dazugeben und dünsten, bis viel Flüssigkeit verdampft ist ➡ Fischfleisch und Yam dazugeben und gut vermengen ➡ Milch darüber geben und bei schwacher Hitze ca. 15 Minuten köcheln lassen ➡ heiß servieren.

☆☆☆☆☆☆☆☆☆☆☆☆

Gekochter Salzfisch

Zutaten:

250 g gesalzener Fisch, einige Stunden in Wasser legen, waschen und abtropfen lassen
1 Zwiebel, hacken
2 Tomaten, zerkleinern
1/4 Chilischote, fein hacken oder zerdrücken
je 1 Teelöffel Zitronensaft und Sojasoße

1 Esslöffel gehackte Petersilie
1 Tasse Wasser
etwas Essig
Butter

So wird es gemacht:

☺ Fisch ca. 5 Minuten kochen lassen ➟ aus dem Wasser nehmen und zerlegen.
☺ Eine Tasse Wasser und alle anderen Zutaten (außer Fischfleisch) in einen Topf geben ➟ kochen lassen, bis der Inhalt weich ist ➟ Fischfleisch dazugeben und bei schwacher Hitze ca. 5 Minuten köcheln lassen. Falls die Flüssigkeit sehr dünnflüssig ist, mit etwas Maismehl andicken ➟ heiß mit Reis oder Gemüse servieren.

☆☆☆☆☆☆☆☆☆☆☆☆

Salzfischbällchen

Zutaten:

250 g gesalzener Fisch, einige Stunden in Wasser legen, waschen und abtropfen lassen
150 bis 200 g Kürbis, reiben
2 Eier, aufschlagen, in eine Schale geben und verrühren
1 Esslöffel fein gehackte Zwiebel
1 Esslöffel gehackte Petersilie
125 g Mehl
Pfeffer und Chilipulver
Paniermehl, auf einem Teller verteilen
Butter
Öl, zum Braten

So wird es gemacht:

☺ Fisch ca. 5 Minuten kochen lassen ➟ aus dem Wasser nehmen, zerlegen und zerkleinern
☺ Kürbis, Eier, Zwiebel, Petersilie, einen Esslöffel Butter, Pfeffer und Chilipulver in eine Schale geben und gut vermengen ➟ Fischfleisch und Mehl dazugeben und zu einem Teig verarbeiten ➟ Teig zu Bällchen verarbeiten.

☺ Öl in einer Pfanne erhitzen ➞ Fischbällchen in Paniermehl wälzen und goldbraun braten ➞ heiß mit Brot, Reis und Salat servieren.

☆☆☆☆☆☆☆☆☆☆☆☆

Fisch Jollof

Zutaten:

500 g Fischfilets, würfeln, waschen und abtropfen lassen
2 Tassen Langkornreis, waschen und abtropfen lassen
1 große Zwiebel, fein hacken
2 Tomaten, Haut anritzen, mit kochendem Wasser überbrühen, Haut abziehen, halbieren, Samen entfernen und fein hacken
1 Esslöffel Tomatenmark, in etwas Wasser auflösen
1 kleine Chilischote
gehackte Petersilie und Thymian (nach Belieben)
Zitronensaft
Salz und Pfeffer
Butter oder Öl

So wird es gemacht:

☺ 4 Tassen kaltes Wasser in einen Topf geben ➞ Tomatenmark und 1 bis 2 Teelöffel Salz dazugeben und gut verrühren ➞ Reis dazugeben ➞ rühren ➞ Topf zudecken und kurz zum Kochen bringen, dann bei schwacher Hitze 10 bis 15 Minuten köcheln lassen.
☺ Öl oder Butter in einer Pfanne erhitzen ➞ Zwiebeln dazugeben und glasig dünsten ➞ Tomaten, Petersilie, Thymian, Zitronensaft, Salz und Pfeffer dazugeben und dünsten, bis viel Flüssigkeit verdampft ist ➞ Chilischote und Fischstücke dazugeben ➞ Pfanne zudecken und einige Minuten köcheln lassen ➞ Chilischote aus der Mischung entfernen.
☺ die fertig gekochte Fischmischung über den Reis geben und gut mit dem Reis vermischen ➞ Topf zudecken und ca. 10 Minuten köcheln lassen, bis der Reis gar und trocken ist ➞

heiß mit Salat servieren.

Gebratene Fischfilets

Zutaten:

2 Fischfilets, halbieren, waschen und abtropfen lassen
1 kleine Zwiebel, in Streifen schneiden
2 bis 3 Tomaten, hacken
Zitronensaft
Salz, Pfeffer, Chilipulver und Nelkenpulver
Butter

So wird es gemacht:

☺ Fischfilets mit Gewürzen und Zitronensaft einreiben und beiseite stellen.
☺ ca. 5 Esslöffel Butter in einer Pfanne erhitzen ➟ Zwiebel dazugeben und glasig dünsten ➟ aus der Pfanne nehmen und warm halten ➟ Fischfilets in das heiße Fett geben und von einer Seite ca. 5 Minuten bei mittlerer Hitze braten ➟ umdrehen ➟ Tomaten und Zwiebel darüber geben ➟ Pfanne zudecken und ca. 5 Minuten braten ➟ heiß servieren.

☆☆☆☆☆☆☆☆☆☆☆☆

Fisch und Krebs in Palmöl

Zutaten:

3 mittelgroße getrocknete Fische, waschen, Köpfe und Gräten entfernen und in kleine Streifen schneiden
Krebsfleisch von ca. 10 große Krebsen
3 lange milde Peperoni, Stielansätze entfernen, der Länge nach halbieren, Samen entfernen und zerkleinern
1 kleine Zwiebel, hacken
2 bis 3 Tomaten, hacken
1 Esslöffel Tomatenmark, in etwas Wasser auflösen
Salz und Pfeffer
100 bis 150 ml Palmöl

So wird es gemacht:

☺ Wasser in einen Topf geben ➟ salzen und zum Kochen bringen ➟ Fischstücke und Krebsfleisch dazugeben und 4 bis 5 Minuten brodeln lassen ➟ in ein Sieb geben und abtropfen lassen.

☺ Palmöl in einer großen Pfanne erhitzen ➟ Fischstücke und Krebsfleisch dazugeben und 3 bis 4 Minuten braten ➟ aus der Pfanne nehmen und beiseite stellen ➟ alle anderen Zutaten dazugeben und dünsten, bis die Flüssigkeit fast verdampft ist ➟ Fischstücke und Krebsfleisch untermengen und einige Minuten köcheln lassen ➟ mit Reis, Yam oder Plantain servieren.

☆☆☆☆☆☆☆☆☆☆☆

Fischcurry

Zutaten:

1 kg Fischfilets, waschen und abtropfen lassen
2 Zwiebeln, hacken
2 Knoblauchzehen, hacken
je 1/2 Teelöffel Ingwerpulver und Chilipulver
je 1 Teelöffel getrockneter Koriander, Kurkuma und zerdrückte Kümmelsamen
1 Tasse Kokosnussmilch (siehe Seite 10)
etwas Essig
Salz und Pfeffer
Butter oder Öl

So wird es gemacht:

☺ Gewürze mit etwas Essig in eine Schale geben und gut vermengen.

☺ etwas Öl oder Butter in einer großen Pfanne erhitzen ➟ Zwiebeln und Knoblauch dazugeben und glasig dünsten ➟ Gewürzpaste dazugeben, gut vermengen und ca. 5 Minuten bei schwacher Hitze köcheln lassen ➟ Kokosnussmilch darüber geben, köcheln lassen, bis die Soße dicker wird ➟ abschmecken ➟ Fischfilets in die Soße geben und bei geöffneter Pfanne 10 bis 15 Minuten köcheln lassen, bis die

Fischfilets gar sind ➟ heiß mit Reis oder Yam servieren.

☆☆☆☆☆☆☆☆☆☆☆

Gebratene Krabben

Zutaten:

500 g Krabben, Fleisch aus den Schalen lösen
3 große Tomaten, hacken
1 große Zwiebel, fein hacken
1/4 getrocknete Chilischote, zerdrücken
1 Esslöffel gehackte Petersilie
Salz und Pfeffer
150 ml Palmöl

So wird es gemacht:

☺ Öl in einer Pfanne oder einem Topf erhitzen ➟ Zwiebel und Peperoni dazugeben und glasig dünsten ➟ Tomaten, Petersilie, Chili, Salz und Pfeffer dazugeben und dünsten, bis die Flüssigkeit fast verdampft ist ➟ Krabben unterheben und ca. 5 Minuten köcheln lassen. Eventuell etwas Wasser darüber geben ➟ heiß mit Reis oder Gemüse und Salat servieren.

☆☆☆☆☆☆☆☆☆☆☆

Krabben Jollof

Zutaten:

1 Tasse Langkornreis, waschen und abtropfen lassen
200 g Krabbenfleisch,
1 Zwiebel, fein hacken
3 bis 4 Tomaten, hacken
1 Esslöffel Tomatenmark, in 2 Tassen Wasser auflösen
2 lange milde Peperoni, Stielansätze entfernen, der Länge nach halbieren, Samen entfernen und hacken
1 Esslöffel gehackte Petersilie, 1/4 kleine Chilischote und 1 kleine Knoblauchzehe, mit etwas Salz in einen Mörser geben und zerdrücken
Salz und Pfeffer
2 Esslöffel Palmöl oder Erdnussöl

So wird es gemacht:

☺ Öl in einem Topf erhitzen ➟ Zwiebel, Tomaten, Peperoni, Pfeffer und Petersilienpaste dazugeben und 4 bis 5 Minuten dünsten ➟ Krabben dazugeben und unterheben ➟ kurz dünsten ➟ Reis dazugeben und gut vermengen ➟ Tomatenmarkwasser darüber geben ➟ Topf zudecken und kurz zum Kochen bringen, dann bei schwacher Hitze köcheln lassen (ca. 25 bis 30 Minuten), bis der Reis gar und trocken ist ➟ heiß mit Salat servieren.

☆☆☆☆☆☆☆☆☆☆☆

Bitterblätter mit Fisch und Fleisch

Zutaten:

100 g Bitterblätter (Bitter Leaf bekommt man ab und zu in Afro-Shops in getrockneter Form), vor dem Gebrauch einige Stunden in Wasser legen, waschen und abtropfen lassen
150 bis 200 g Yam, schälen, waschen und reiben
150 g getrockneter Fisch, waschen
50 g Krabben- oder Krebsfleischpulver
200 g Stockfisch, waschen
150 g Fleisch, in kleine Würfel schneiden, waschen und abtropfen lassen
1 Teelöffel Johannisbrotbohnen, zerdrücken
1/2 getrocknete Chilischote, zerdrücken
Salz
Pfeffer
1/4 Tasse Palmöl

So wird es gemacht:

☺ Stockfisch in einen Topf geben ➟ mit Wasser bedecken und gar kochen (ca. 45 Minuten) ➟ Fisch aus der Brühe nehmen und beiseite stellen ➟ Brühe durch ein Sieb geben und aufbewahren.

☺ 2 Tassen Wasser und Brühe in einen Topf geben ➟ Salz, Pfeffer, Johannisbrotbohnen, Chili und Krabben- oder Krebsfleischpulver dazugeben und 3 bis 4 Minuten brodeln lassen

➟ Fleischwürfel, Stockfisch, Yam und getrockneten Fisch dazugeben ➟ Topf zudecken und 8 bis 10 Minuten kochen lassen ➟ Bitterblätter dazugeben und unterheben ➟ Topf zudecken und bei mittlerer Hitze 15 bis 20 Minuten kochen lassen. Evtl. Wasser darüber geben ➟ abschmecken und heiß mit Gemüsepüree oder Reis und Salat servieren.

☆☆☆☆☆☆☆☆☆☆

Garnelen in Knoblauchsoße

Zutaten:

500 g Garnelen, schälen
1 kleine Zwiebel, hacken
3 Knoblauchzehen und 3 cm Ingwerwurzel, mit etwas Salz zerdrücken
1/4 kleine Chilischote, fein hacken oder zerdrücken
je 1 Teelöffel Chilisoße, Sojasoße und Zucker
ca. 2 Esslöffel Maismehl
1 Esslöffel Tomatensoße
2 Esslöffel Wasser
3 Schalotten, in Streifen schneiden
Öl

So wird es gemacht:

☺ Garnelen in eine Schale geben ➟ Knoblauchpaste, Zucker, Sojasoße, 1 Esslöffel Öl und 1 Esslöffel Maismehl darüber geben und gut vermengen ➟ 15 Minuten ziehen lassen.

☺ Wasser in eine kleine Schale geben ➟ Mehl, Chilisoße und Tomatensoße zu einer Paste verrühren.

☺ 3 bis 4 Esslöffel Öl in einer Pfanne erhitzen ➟ Garnelen mit Marinade dazugeben und 5 bis 6 Minuten braten ➟ Garnelen aus der Pfanne nehmen und warm halten ➟ Mehlpaste dazugeben und rühren, kurz erhitzen, dann Zwiebel dazugeben und 3 Minuten dünsten ➟ Chili untermengen ➟ Garnelen dazugeben und gut mischen, dann bei schwacher Hitze 5 bis 6 Minuten dünsten, bis die Soße dicker wird ➟ Garnelen mit Soße auf einen Servierteller geben, mit Schalotten garnieren ➟ heiß mit Reis und Salat servieren.

Garnelencurry

Zutaten:

500 g Garnelen, gekocht und geschält
4 bis 5 große Tomaten, Haut anritzen, mit kochendem Wasser überbrühen, Haut abziehen und hacken
1 Zwiebel, hacken
1 Esslöffel gehackte Petersilie
2 Knoblauchzehen, mit etwas Salz zerdrücken
1 Teelöffel Currypulver
Zitronensaft
Salz, Pfeffer und Chilipulver
Butter, Butterfett oder Öl

So wird es gemacht:

☺ Etwas Öl oder 1 bis 2 Esslöffel Butter oder Butterfett in einer großen Pfanne erhitzen ➟ Zwiebel, Knoblauchpaste und Petersilie dazugeben und dünsten, bis sie Farbe annehmen ➟ Currypulver dazugeben, gut vermengen und ca. 2 Minuten bei schwacher Hitze dünsten ➟ Tomaten dazugeben ➟ dünsten, bis die Soße dicker wird ➟ mit Salz, Pfeffer, Chilipulver und Zitronensaft abschmecken ➟ Garnelen in die Soße geben und einige Minuten köcheln lassen, bis die Garnelen heiß sind ➟ heiß mit Reis servieren.

☆☆☆☆☆☆☆☆☆☆☆

Kokosnusssoße

Zutaten:

1 Kokosnuss, daraus Kokosnussmilch herstellen (siehe Seite 10)
1 Tasse weiße Bohnen, über Nacht in Wasser einweichen
1 kleine Tomate, hacken
1 kleine Zwiebel, hacken
Salz
Pfeffer
Chilipulver, Menge nach Belieben
Öl

So wird es gemacht:

☺ Bohnen in Wasser mit beiden Händen reiben, damit sich die Schalen lösen ➟ Schalen entfernen, durch ein Sieb geben und abtropfen lassen ➟ Bohnen in einen Topf geben, mit Wasser bedecken und gar kochen, dann pürieren.
☺ Öl in einer Pfanne erhitzen ➟ Zwiebel dazugeben und glasig dünsten ➟ Tomaten untermengen und dünsten, bis ein Teil der Flüssigkeit verdampft ist ➟ Bohnen untermengen und gut vermengen ➟ Kokosnussmilch darüber geben ➟ mit Salz, Pfeffer und Chilipulver abschmecken ➟ kurz zum Kochen bringen, dann bei schwacher Hitze ca. 10 Minuten köcheln lassen ➟ heiß zu Reis, Gemüse oder Fisch servieren.

✽✽✽✽✽✽✽✽✽

Erdnusssoße

Zutaten:

1 Tasse Erdnüsse, feine Schalen entfernen
1/4 Tasse Milch
1 Zwiebel, hacken
1 Tomate, hacken
Salz
2 bis 3 Esslöffel Butter oder Butterfett

So wird es gemacht:

☺ Erdnüsse in einen Mörser geben und zu einer Paste zerdrücken.
☺ Butter oder Butterfett in einer Pfanne erhitzen ➟ Zwiebel dazugeben und goldbraun braten ➟ Tomaten dazugeben und dünsten, bis viel Flüssigkeit verdampft ist ➟ salzen ➟ Erdnusspaste dazugeben und ständig mit einem Schneebesen rühren, dann Milch darüber geben und gut vermengen ➟ etwas Wasser darüber geben, damit eine weiche Mischung entsteht ➟ abschmecken und bei schwacher Hitze ca. 20 Minuten köcheln lassen. Falls die Soße sehr dickflüssig ist, mit Wasser verdünnen ➟ heiß zu Yam, Reis oder anderen Gemüsegerichten servieren.

❁❁❁❁❁❁❁❁❁❁

Tomatensoße

Zutaten:

500 g reife Tomaten, Haut anritzen, mit kochendem Wasser überbrühen, Haut abziehen und hacken
2 Knoblauchzehen, mit etwas Salz zerdrücken
1 Zwiebel, fein hacken
1/2 Bund Petersilie, Blätter waschen und hacken
1 Teelöffel Zucker
Salz, Pfeffer und Chilipulver
ca. 4 Esslöffel Öl

So wird es gemacht:

☺ Öl in einem Topf erhitzen ➠ Zwiebel dazugeben und glasig dünsten ➠ Knoblauchpaste und Petersilie untermengen und kurz dünsten ➠ Tomaten dazugeben ➠ mit Zucker, Salz, Pfeffer und Chilipulver abschmecken und bei schwacher Hitze ca. 25 Minuten köcheln lassen. Falls die Soße sehr dickflüssig ist, etwas Wasser darüber geben, danach in eine Küchenmaschine geben und pürieren ➠ heiß zu Fleisch oder Gemüsegerichten servieren.

❁❁❁❁❁❁❁❁❁❁

Grüne Bohnensoße

Zutaten:

1 Tasse kleine grüne Bohnen, ca. 1 Stunde in kaltem Wasser einweichen, waschen, in ein Sieb geben und abtropfen lassen
2 Tassen Milch
1 Zwiebel, hacken
Salz, Pfeffer und Currypulver
Öl und Butter oder Butterfett

So wird es gemacht:

☺ Bohnen in einen Topf geben, mit Wasser bedecken und gar kochen ➠ in ein Sieb geben, kurz abtropfen lassen und zu einer Paste verarbeiten.
☺ 5 bis 6 Esslöffel Öl in einem Topf erhitzen ➠ Zwiebel dazugeben und glasig dünsten ➠ Salz, Pfeffer und Currypulver darüber geben und gut vermengen ➠ Bohnenpaste dazugeben und gut mischen ➠ Milch darüber geben ➠ rühren und abschmecken ➠ bei schwacher Hitze ca. 10 Minuten köcheln lassen ➠ 3 bis 4 Esslöffel Butter oder Butterfett dazugeben, rühren und 6 bis 7 Minuten köcheln lassen ➠ heiß zu Reis, Fisch oder Gemüsegerichten servieren.

❁❁❁❁❁❁❁❁❁❁

Teigspeisen

Orangenbrot

Zutaten:

500 g Mehl, sieben
1 Päckchen Backpulver
Saft einer Orange
1 Teelöffel geriebene Orangenschale
ca. 1/2 Tasse Zucker
2 Eier, aufschlagen, in eine Schale geben und verrühren
1 Esslöffel Butter oder Margarine
Prise Salz
80 ml Milch

So wird es gemacht:

☺ Backofen auf 180°C vorheizen.
☺ Mehl, Backpulver, Zucker und eine Prise Salz in eine Schale geben und gut vermengen ➟ Milch, Eier, Orangensaft und geriebene Orangenschale dazugeben und gut verkneten ➟ Teig in zwei Backformen geben und ca. 1 Stunde backen.

****

Bananenbrot mit Erdnüssen

Zutaten:

2 Tassen Mehl, sieben
2 reife Bananen, pürieren
1/2 Tasse Erdnüsse, in einen Mörser geben und kurz zerdrücken
1 Päckchen Backpulver
1 Ei, aufschlagen, in eine Schale geben und verrühren

1 Teelöffel Vanille
je 1/2 Tasse Zucker und Butter

So wird es gemacht:

☺ Backofen auf 180°C vorheizen.

☺ Butter, Zucker und Ei in eine Schale geben und cremig schlagen ➟ alle anderen Zutaten dazugeben und gut vermengen ➟ Backform mit Butter einfetten ➟ Teig in die Backform füllen und 25 bis 30 Minuten backen.

****

Maisbrot

Zutaten:

1 Tasse feines Maismehl, sieben
1 Tasse Mehl, sieben
1 Päckchen Backpulver
1 Tasse Milch
1/2 Tasse Zucker
2 Eier, aufschlagen, in eine Schale geben und verrühren
1/2 Teelöffel Salz
4 Esslöffel Butter

So wird es gemacht:

☺ Backofen auf 180°C vorheizen.

☺ Mehl, Zucker, Salz und Backpulver in eine Schale geben und gut mischen ➟ Maismehl dazugeben und mischen ➟ Milch, Eier und Butter dazugeben und zu einem weichen Teig verarbeiten ➟ Backform mit Butter einfetten ➟ Teig in die Backform füllen und darin verteilen ➟ im vorgeheizten Backofen 25 bis 30 Minuten backen.

****

Ingwerbrot

Zutaten:

2 Tassen Mehl, sieben
1 Esslöffel Ingwerpulver oder zerdrückte Ingwerwurzel
1 Päckchen Backpulver
je 1/2 Teelöffel geriebene Muskatnuss, Zimt und Salz
1/2 Tasse brauner Zucker
einige Löffel Melasse (dunkler Zucker) und Honig
2 Eier, aufschlagen, in eine Schale geben und verrühren
ca. 5 Esslöffel Butter
ca. 200 ml kochendes Wasser

So wird es gemacht:

☺ Backofen auf 180°C vorheizen.
☺ Backform mit Butter einfetten.
☺ Mehl und Gewürze in eine Schale geben und vermengen.
☺ Zucker, Honig, Butter und ca. eine 3/4 Tasse heißes Wasser in eine Schale geben und gut vermengen ➟ Eier dazugeben und gut vermengen ➟ Mehlgemisch dazugeben und zu einem Teig verarbeiten ➟ Teig in die Backform füllen und ca. 1 Stunde backen.

****

Erdnussbrot

Zutaten:

3 Tassen Mehl, sieben
4 bis 5 Esslöffel gehackte Erdnüsse
1 1/2 Tassen Milch
1 Ei, aufschlagen, in eine Schale geben und verrühren
1 Päckchen Backpulver
2 bis 3 Esslöffel Zucker
1/2 Teelöffel Salz

So wird es gemacht:

☺ Backofen auf 180°C vorheizen.
☺ Mehl, Zucker, Backpulver, Salz, Ei und Erdnüsse in eine Schale geben und gut mischen ➡ Milch nach und nach darüber geben und kneten ➡ Backform mit Butter einfetten ➡ Teig in die Backform füllen und im Backofen ca. 1 Stunde backen.

****

Kornbrot

Zutaten:

250 g Kornmehl, sieben
200 g Mehl, sieben
1 Päckchen Hefe
250 ml Wasser mit ca. 50 ml Milch gemischt
1 Esslöffel brauner Zucker
etwas Honig
1 Teelöffel Salz
1 bis 2 Esslöffel Butter

So wird es gemacht:

☺ Wasser und Milch in eine Schale geben ➡ Hefe dazugeben und auflösen ➡ die Hälfte des Mehls, Salz, Butter, Zucker und Honig dazugeben und einige Minuten mit einem Schneebesen oder mit einer Elektroküchenmaschine rühren ➡ das restliche Mehl dazugeben und zu einem Teig kneten ➡ Teig mit einem nassen Tuch bedecken und ca. 1 Stunde stehen lassen.
☺ Backofen auf 180°C vorheizen.
☺ Backform mit Butter einfetten ➡ Teig kneten Teig in die Backform füllen ➡ in den Backofen schieben und ca. 40 bis 45 Minuten backen.

****

Plantainbrot

Zutaten:

150 g Mehl
4 reife Kochbananen (500 bis 600 g), schälen und pürieren
250 g gekochter Reis
100 bis 125 g Zucker
2 Eier, aufschlagen, in eine Schale geben und verrühren
1 Teelöffel Vanille
ca. 200 ml Milch
200 g Butter

So wird es gemacht:

☺ Backofen auf 180°C vorheizen.
☺ Zucker und Butter in eine Schale geben und cremig schlagen ➟ Eier dazugeben und verrühren ➟ alle anderen Zutaten dazugeben und gut vermengen ➟ Backform mit Butter einfetten ➟ Teig in die Backform füllen und in den Backofen schieben ➟ ca. 1 1/2 Stunde backen, bis das Brot gar ist.

****

Süßkartoffelbrot

Zutaten:

1 Tasse Mehl, sieben
1 Tasse Maismehl, sieben
1 Tasse gekochte, geschälte und zerdrückte Süßkartoffeln
1 Päckchen Backpulver
etwas Milch

So wird es gemacht:

☺ Backofen auf 200°C vorheizen.
☺ Mehl und Süßkartoffeln in eine Schale geben und gut

vermengen ➟ nach und nach die Milch dazugeben und zu einem festen Teig verkneten ➟ zu einem Brot formen und im Backofen ca. 30 Minuten backen.

****

Teigrolle

Zutaten:

500 g Mehl, sieben
1 Päckchen trockene Hefe
1 Tasse warme Milch
1 Esslöffel Zucker
Eiweiß
1 Teelöffel Salz
2 Esslöffel Butter

So wird es gemacht:

☺ Backofen auf ca. 200°C vorheizen.

☺ Mehl, Zucker und Salz in eine Schale geben und gut mischen ➟ Hefe in Milch auflösen und zum Mehl geben, Butter dazugeben und kneten, dann nach und nach Wasser dazugeben und zu einem Teig verarbeiten ➟ Teig zu kleinen Kugeln formen ➟ in Mehl wälzen und mit beiden Handflächen zu länglichen Teigrollen formen, dann die Ecken zusammen drücken, damit eine Rolle entstehen kann ➟ Teigrollen auf ein gefettetes Backblech legen, mit Eiweiß bestreichen ➟ in den Backofen schieben und ca. 15 bis 20 Minuten backen.

****

Gebratener Spinatteig

Zutaten:

1/2 Tasse Mehl, sieben
150 g Spinat, Blätter waschen und fein hacken
1 sehr kleine Zwiebel, fein hacken
1 Ei, aufschlagen, in eine Schale geben und verrühren
1 Päckchen Backpulver
je 1/2 Teelöffel Salz und Pfeffer
2 Esslöffel Butter, zerlassen
1/2 Tasse Milch
Paniermehl
Öl, zum Braten

So wird es gemacht:

☺ Spinat, Ei, Zwiebel und Butter in eine Schale geben und gut vermengen ➟ alle anderen Zutaten (außer Milch) dazugeben und gut vermengen ➟ Milch dazugeben und zu einem Teig verarbeiten ➟ Öl in einer Pfanne erhitzen ➟ Teig löffelweise hineingeben und mit dem Löffel zu einem runden Fladen verteilen und goldbraun braten ➟ aus der Pfanne nehmen ➟ abtropfen lassen und servieren.

****

Gebratener Maisteig

Zutaten:

2 Tassen Mehl, sieben
frische Maiskörner von 2 Maiskolben oder 1 kleine Dose Mais (Dose aufmachen, Inhalt in ein Sieb geben und abtropfen lassen)
1 Päckchen Backpulver
2 Eier, aufschlagen, in eine Schale geben und verrühren
1/2 Tasse Milch
1 Teelöffel Salz

Pfeffer
Öl, zum Braten
2 Esslöffel Butter, zerlassen

So wird es gemacht:

☺ Mehl, Salz, Pfeffer und Backpulver in eine Schale geben und mischen ➟ Eier, Butter, Mais und Milch dazugeben und zu einem Teig verarbeiten ➟ Öl in einer Pfanne erhitzen ➟ Teig löffelweise in das heiße Öl geben, glätten und braten ➟ aus der Pfanne nehmen, abtropfen lassen und servieren.

****

Frittierte Bananen

Zutaten:

4 Bananen, schälen, der Länge nach halbieren, dann in 3 Teile schneiden
100 g Mehl, sieben
1 Ei, aufschlagen, in eine Schale geben und verrühren
1/2 Tasse Milch
etwas Salz
Öl, zum Braten

So wird es gemacht:

☺ Mehl, Ei, Milch und Salz in eine Schale geben und zu einem Teig verarbeiten ➟ Bananen in den Teig geben ➟ Öl in einer Pfanne erhitzen ➟ Bananenteig in dem heißen Öl braten ➟ aus der Pfanne nehmen, abtropfen lassen, mit Zucker bestreuen und servieren.

****

Frittierte Plantain

Zutaten:

4 große reife Kochbananen (Plantain), schälen, in einen Mörser geben und zerdrücken
1 kleine Zwiebel, fein hacken
100 g Mehl, sieben
1 Ei, aufschlagen, in eine Schale geben und verrühren
1/2 Tasse Milch
etwas Salz und Pfeffer
Palmöl

So wird es gemacht:

☺ Mehl, Ei, Milch, Salz und Pfeffer zu einem Teig verarbeiten ➟ Kochbananenpüree und Zwiebel dazugeben und gut vermengen ➟ Öl in einer Pfanne erhitzen ➟ Teigmischung zu kleinen Kugeln formen und braun braten ➟ aus der Pfanne nehmen, abtropfen lassen und servieren.

****

Frittierte Süßkartoffeln

Zutaten:

250 g Süßkartoffeln
100 g Mehl, sieben
1/2 Teelöffel Backpulver
1/2 Tasse Milch
1/4 Teelöffel Salz
Öl, zum Braten
Puderzucker

So wird es gemacht:

☺ Süßkartoffeln gar, aber fest kochen ➟ schälen und in Scheiben schneiden.

☺ Mehl, Backpulver, Salz und Milch in eine Schale geben und zu einem Teig verarbeiten ➟ Kartoffelscheiben in den Teig tauchen ➟ Öl in einer Pfanne erhitzen, Kartoffelscheiben dazugeben und goldbraun braten ➟ aus der Pfanne nehmen, abtropfen lassen und servieren.

****

Frittierter Kürbis

Zutaten:

1 Tasse Mehl, sieben
1 Teelöffel Backpulver
1½ Tassen geriebener Kürbis
1/4 Tasse gekochte und zerkleinerte Süßkartoffeln oder Yam
4 Esslöffel Zucker
Milch
Salz und Pfeffer
Öl, zum Braten
2 bis 3 Esslöffel zerlassene Butter

So wird es gemacht:

☺ Alle Zutaten (außer Milch) in eine Schale geben und gut vermengen ➟ Milch nach und nach dazugeben und zu einem festen Teig verkneten ➟ Öl in einer Pfanne erhitzen ➟ Teig löffelweise in das heiße Öl geben und braten ➟ aus der Pfanne nehmen, abtropfen lassen und servieren.

****

Frittierte Ananas

Zutaten:

1 kleine Dose Ananasringe, Dose aufmachen, in ein Sieb geben und abtropfen lassen, dann die Ringe halbieren (Saft aufbewahren)
125 g Mehl, sieben
1 Teelöffel Backpulver
1 Eigelb
1 bis 2 Esslöffel zerlassene Butter
Öl zum Braten
Eine 3/4 Tasse warmes Wasser und 1/4 Tasse Ananassaft, miteinander vermischen
Zucker

So wird es gemacht:

☺ Aus Mehl, Wassergemisch, Eigelb, Butter und Backpulver einen Teig herstellen ➟ Ananasstücke in den Teig tauchen ➟ Öl in einer Pfanne erhitzen, Ananasstücke dazugeben und goldbraun braten ➟ aus der Pfanne nehmen, abtropfen lassen, auf einen Teller schichten, mit Puderzucker bestreuen und servieren.

✯ Man kann auch andere Obstsorten verwenden, z.B. Bananen.

✻✻✻✻✻✻✻✻✻✻✻

Frittierter Reis

Zutaten:

1 Tasse gekochter Reis
2 Eier, aufschlagen, in eine Schale geben und verrühren
1 Tasse heiße Milch
2 bis 3 Esslöffel Mehl
2 bis 3 Esslöffel Zucker
2 Esslöffel Butter
1 Teelöffel Zitronensaft
Öl, zum Braten

So wird es gemacht:

☺ Die heiße Milch in eine Schale geben ➟ Butter dazugeben und auflösen ➟ Reis, Zucker, Zitronensaft und Eier dazugeben und gut vermengen ➟ Mehl darüber geben und zu einer festeren Paste verarbeiten ➟ Öl in einer Pfanne erhitzen ➟ Reispaste löffelweise in das heiße Öl geben und braun braten ➟ aus der Pfanne nehmen, abtropfen lassen und servieren.

****

Gebäck und Nachspeisen

Teegebäck

Zutaten:

125 g Mehl, sieben
50 g Erbsenmehl (ersatzweise feines Maismehl), sieben
1 Päckchen Backpulver
2 Eier, aufschlagen, in eine Schale geben und verrühren
50 g Zucker
50 g Butter oder Margarine
je 1/2 Teelöffel Salz und geriebener Muskat
50 bis 60 ml Wasser

So wird es gemacht:

☺ Backofen auf 180°C vorheizen.

☺ Butter oder Margarine, Zucker und Salz in eine Schale geben und cremig schlagen ➟ Ei dazugeben und gut vermengen ➟ Muskat dazugeben und mischen ➟ beide Mehlsorten und Backpulver zu der Mischung geben und rühren ➟ Wasser darüber geben und rühren.

☺ Teig zu kleinen runden Keksen formen und auf ein eingefettetes Backblech oder in eine eingefettete Backform geben ➟ in den Backofen schieben und ca. 25 Minuten backen.

****

Kokosnusskekse

Zutaten:

1 Kokosnuss, weißes Fruchtfleisch reiben
5 Esslöffel Zucker
Mehl
2 Eigelb

So wird es gemacht:

☺ Backofen auf 180°C vorheizen.
☺ Kokosnuss, Zucker, etwas Mehl und Eigelb in eine Schale geben und gut vermengen ➡ Kokosnussmischung zu kleinen Kugeln formen und auf ein geöltes Backblech legen ➡ in den Backofen schieben und goldbraun backen.

****

Variante 2

Zutaten:

200 g Mehl, sieben
100 g geriebene Kokosnuss
ca. 140 g Butter oder Margarine
100 g Zucker
1 Päckchen Backpulver
1 Ei, aufschlagen, in eine Schale geben und verrühren
1 Teelöffel Zitronensaft
etwas geriebene Zitronenschale

So wird es gemacht:

☺ Backofen auf 170°C vorheizen.
☺ Butter oder Margarine und Zucker in eine Schale geben, mit einem Schneebesen oder Elektromixer cremig schlagen ➡ Kokosnuss, Zitronensaft, geriebene Zitronenschale und Ei dazugeben und gut vermengen ➡ Mehl und Backpulver darüber geben und gut vermengen ➡ Teig zu kleinen Kugeln formen und flachdrücken ➡ auf ein geöltes Backblech legen,

in den Backofen schieben und ca. 8 bis 10 Minuten backen.

****

Kokosnuss- und Erdnusskekse

Zutaten:

150 g geriebene Kokosnuss
250 g Erdnussbutter
250 g Mehl, sieben
1 Ei, aufschlagen, in eine Schale geben und verrühren
2 bis 3 Esslöffel Zucker
1 Esslöffel Butter oder Margarine
1/2 Teelöffel Salz

So wird es gemacht:

☺ Backofen auf 170°C vorheizen.

☺ Alle Zutaten in eine Schale geben und zu einem Teig verkneten ➟ Teig zu dünnen Keksen formen ➟ auf ein Backblech legen und im Backofen backen, bis sie braune Farbe annehmen ➟ aus dem Ofen nehmen und abkühlen lassen.

****

Bananenkekse

Zutaten:

2 reife Bananen, in dünne Scheiben schneiden
2 Tassen Mehl, sieben
1 Tasse Milch
1 Ei, aufschlagen, in eine Schale geben und verrühren
1 Päckchen Backpulver
4 bis 5 Esslöffel Zucker
4 Esslöffel Butter
1 Teelöffel Zimt
1/2 Tasse Zucker
1/2 Teelöffel Salz

So wird es gemacht:

☺ Backofen auf 170°C vorheizen.

☺ Butter in eine Schale geben und mit einem Schneebesen oder Elektromixer cremig schlagen ➟ 4 bis 5 Esslöffel Zucker nach und nach dazugeben und gut vermengen ➟ Ei dazugeben und weiter schlagen ➟ Mehl, Backpulver und Salz untermengen ➟ Milch nach und nach dazugeben und zu einem Teig verarbeiten ➟ Bananenscheiben unterheben ➟ ein Backblech einfetten, Teig dünn darauf verteilen und in kleine viereckige Formen schneiden ➟ Mit Zucker und Zimt bestreuen und ca. 30 Minuten im Backofen backen.

****

Erdnusskekse

Zutaten:

2 Tassen Mehl, sieben
1 Tasse Erdnüsse, hacken
1 Tasse Zucker
1/2 Tasse Butter oder Margarine
2 Eier, aufschlagen, in eine Schale geben und verrühren
1 Päckchen Backpulver
Milch
Mehl
1/2 Teelöffel Salz

So wird es gemacht:

☺ Backofen auf 170-180°C vorheizen.
☺ Butter in eine Schale geben ➟ mit Schneebesen oder Elektromixer cremig schlagen ➟ Zucker dazugeben und weiter rühren ➟ Eier dazugeben und gut vermengen, dann Mehl, Salz und Backpulver dazugeben und mixen ➟ Erdnüsse dazugeben und unterrühren, dann 2 Esslöffel Milch dazugeben und zu einem weichen Teig mixen. Falls der Teig sehr fest ist, Milch dazugeben und erneut mixen ➟ Teig zu Kugeln formen, dann flachdrücken ➟ in Mehl wälzen und auf ein Backblech legen ➟ in den Backofen schieben und ca. 15 Minuten backen.

****

Kokosnussgelee

Zutaten:

1 Kokosnuss, daraus Kokosnussmilch herstellen (siehe Seite 10)
50 g Zucker
50 bis 55 g Milchpulver
25 g Gelatine

So wird es gemacht:

☺ 300 ml Kokosnussmilch in eine Schale geben ➟ Zucker und Milchpulver dazugeben und darin lösen.
☺ Gelatine in etwas kaltem Wasser auflösen ➟ 100 ml kochendes Wasser darüber geben und gut mischen ➟ zu der Kokosnussmilchmischung geben und rühren ➟ in kleine Schalen geben und in den Kühlschrank stellen.

****

Kürbis-Pudding

Zutaten:

500 g Kürbis, waschen und vierteln
1 Tasse Kokosnussmilch (siehe Seite 10)
1 Tasse Mehl, sieben
1 Tasse brauner Zucker
Saft einer halben Limette
1 Ei, aufschlagen, in eine Schale geben und verrühren
1/2 Teelöffel Vanille
2 Esslöffel Butter oder Margarine

So wird es gemacht:

☺ Backofen auf 170°C vorheizen.
☺ Auflaufform mit Butter oder Margarine einfetten.
☺ Kürbis in einen Topf geben und mit Salzwasser bedecken ➟ kochen lassen, bis die Kürbisstücke gar sind ➟ Kürbisfrucht aus der Schale löffeln und in einen Topf geben ➟ Mehl,

Butter und Zucker darüber geben und mixen, bis die Masse weich wird ➟ Ei darüber geben und weiter mischen ➟ Kokosnussmilch und Vanille dazugeben und gut vermengen ➟ in eine Auflaufform füllen und ca. 1 Stunde backen.

****

Bananen-Pudding

Zutaten:

5 Bananen, zerkleinern
1 Tasse Kokosnussmilch (siehe Seite 10)
2 bis 3 Esslöffel geriebene Kokosnussfrucht
1 Tasse brauner Zucker
2 Eier, aufschlagen, in eine Schale geben und verrühren
2 Esslöffel Mehl
1/2 Teelöffel Vanille
1/2 Teelöffel geriebener Muskat
etwas Salz
2 Esslöffel Butter oder Margarine

So wird es gemacht:

☺ Backofen auf 180°C vorheizen.
☺ Backform oder Auflaufform mit Butter einfetten.
☺ Bananen und 1/4 Tasse Kokosnussmilch in eine Schale geben und zu einer weichen Masse schlagen ➟ alle anderen Zutaten dazugeben und gut vermengen ➟ in eine Backform füllen und ca. 40 bis 45 Minuten backen ➟ mit geriebener Kokosnuss bestreuen und servieren.

****

Cassavarolle

Zutaten:

3 Tassen Cassavamehl, sieben
1 Tasse Wasser
2 Tassen Milch
1 Kokosnuss, nur das weiße Fruchtfleisch reiben
1½ Tassen Zucker
1 Päckchen Backpulver
ca. 1 Teelöffel geriebene Orangen- oder Zitronenschale
1 Ei, aufschlagen, in eine Schale geben und verrühren
1 Teelöffel Vanille
Salz und Pfeffer
ca. 125 g Butter

So wird es gemacht:

☺ Backofen auf 170°C vorheizen.
☺ Backform mit Butter einfetten.
☺ Mehl, Zucker, Backpulver, Kokosnuss, Salz und Pfeffer in eine Schale geben und gut vermengen ➟ Milch, Wasser, Butter, geriebene Zitronenschale, Ei und Vanille dazugeben und zu einem Teig verkneten ➟ Teig in eine Backform geben, etwas Zucker in Wasser auflösen und den Teig damit bestreichen ➟ ca. 1 Stunde und 15 Minuten im Backofen backen.

****

Süßkartoffel-Pudding

Zutaten:

500 g Süßkartoffeln, kochen, schälen und mit einer Gabel zerdrücken
1/2 Tasse Kokosnussmilch (siehe Seite 10)
2 Eier, aufschlagen, in eine Schale geben und verrühren
Eine 3/4 Tasse Zucker

1 Teelöffel Zitronensaft
1 Päckchen Backpulver
1 Teelöffel Zimt
1/2 Teelöffel Salz
geriebene Zitronenschale
50 g Butter

So wird es gemacht:

☺ Backofen auf 180°C vorheizen.
☺ Backform mit Butter einfetten.
☺ Süßkartoffeln in eine Schale geben ➟ Zucker, Ei und Butter nach und nach dazugeben und gut mit dem Mixer mixen ➟ Kokosnussmilch darüber geben und mixen ➟ alle anderen Zutaten zu der Mischung dazugeben und gut vermengen ➟ Mischung in eine Backform geben und ca. 45 Minuten backen.

****

Mais-Pudding

Zutaten:

1 Tasse gekochte Maiskörner
2 Tassen Milch
3 Eier, aufschlagen, in eine Schale geben und verrühren
Salz
Pfeffer

So wird es gemacht:

☺ Backofen auf 180°C vorheizen.
☺ Backform mit Butter einfetten.
☺ Eier zum Mais geben und gut vermengen ➟ Milch, Salz und Pfeffer dazugeben und gut vermengen ➟ in eine Backform geben und ca. 30 Minuten backen, bis die Masse fest ist.

****

Kokosnuss-Pudding

Zutaten:

1 Kokosnuss, reiben
3 Tassen Milch
3 Esslöffel Zucker
3 bis 4 Eier, aufschlagen, in eine Schale geben und verrühren
Prise Salz

So wird es gemacht:

☺ Backofen auf 180°C vorheizen.
☺ Backform mit Butter einfetten.
☺ Zucker und Eier zu den Kokosnussraspeln geben und gut vermengen ➟ Milch darüber geben und gut vermengen ➟ in eine Backform geben und ca. 30 Minuten backen, bis der Pudding fest wird ➟ heiß oder kalt servieren.

****

Süßkartoffel- und Kokosnuss-Pudding

Zutaten:

1 Tasse geriebene Kokosnuss
3 Süßkartoffeln (ca. 1½ Tassen), gekocht und zerkleinert
1 Tasse Zucker
1½ Tassen Milch und Wasser (gemischt)
2 Eier, aufschlagen, in eine Schale geben und verrühren
1 Teelöffel Zimt
Prise Salz und Pfeffer
1/4 Tasse (oder 4 Esslöffel) Butter, zerlassen

So wird es gemacht:

☺ Backofen auf 200°C vorheizen.
☺ Backform oder Auflaufform mit Butter einfetten.
☺ Kokosnuss, Süßkartoffeln und Zucker in eine Schale geben und mit dem Mixer mixen ➟ Butter, Milch und Wasser darüber geben und gut vermengen ➟ Eier dazugeben und gut mischen ➟ Salz, Pfeffer und Zimt darüber geben und mit einem Schneebesen oder Elektromixer zu einer cremigen und weichen Masse verrühren ➟ in eine Backform oder Auflaufform füllen und ca. 30 Minuten backen, bis die Oberfläche goldbraun wird ➟ heiß oder kalt servieren.

****

Exotische Küche, Kochbücher aus dem Süden